かんじけいとうじゅ まな
漢字系統樹で学ぶ

かいてい かん じ
改訂 漢字

イメージトレーニング 500

ぜんにょじとしゆき ちょ
善如寺俊幸 著

改訂「漢字イメージトレーニング500」

目次

はじめに

　この度、『漢字メージトレニング500』（2010年刊）を改訂することになりました。日本語能力試験の出題基準などの資料が古くなったためなのですが、それにも増して『漢字系統樹表2800』に対応する資料がなかったためでもあるのです。『漢字系統樹表2800』(扶桑社)と照合させることによって、漢字相互のつながりがさらに理解しやすくなります。漢字系統樹表で漢字を系統的に学習するという本書の制作意図は変わっていないので、以下、2010年刊より引用します。

　本書は漢字を系統的に学習できるように編まれています。
　漢字はその字形構造をよく見ると、その複雑さによって三種類に分けられます。つまり、もうそれ以上分解できない最小単位のパーツ（単漢字も含まれ「字素」と言うこともあります）、それを最大限に組み合わせた最大単位の漢字（複合漢字）、その中間の最小単位でも最大単位でもない漢字の三種類です。パーツとは漢字を構成する単位となる形のことを言います。
　最小単位のパーツ（字素）は様々な漢字を形成する最小単位の構成要素となり、中間の字も最大単位の漢字を構成するパーツとなります。例えば、「砂漠」の「漠」は「氵」と「莫」からできています。「氵」は「水」を表す最小単位のパーツですが、「莫」はさらに「艹」と「日」と「大」に分けられるので、最小単位でも最大単位でもない中間の字ということになります。この「莫」の「大」は「艹」が変形したものとわかっているので、「莫」は「艹」（草）と「日」（太陽）と「艹」（草）でできていることになります。「艹」と「日」はもうこれ以上分けられないので、最小単位のパーツということになります。このように見ると、最大単位の漢字の「漠」は最小単位のパーツ「水」と中間の複合漢字「莫」からできていて、「莫」は「艹」と「日」からできていることがわかります。そして「莫」は日没（草原に沈む日）を表すので、「莫」は太陽を表す「日」を中心にして成立している漢字といえます。「日」を中心にして成り立って

いる漢字のグループを「日」群とし、「漢」はその内の「莫」をパーツにする漢字なので、「莫」系とすると、「漢」は「日」群の「莫」系に属する漢字ということになります。「莫」系に属する漢字はほかにも「暮、墓、幕」などがあります。分かりやすく図示すると次のようになります。

　　　「日／にち」－「莫」－「暮、墓、　幕 、募、慕、模、膜、漢」

他の漢字も同様に考えていくと、右手を表す「又」群には「反」系や「殳」系などがあって、図示すると次のようになるでしょう。

　　　「又」－「反」－「板、坂、阪、飯、版、販、返」
　　　　　　　－「殳」－「殺、役、投、設」

このように、漢字を系統立てて分類したものを［漢字系統樹］といいます。

　漢字は三千年以上前に中国で誕生した文字ですから、漢字には古代中国を背景にした壮大な誕生物語があると言えるでしょう。漢字の各パーツにはそれぞれ意味があって、それを組み合わせてできる漢字の意味や読み方を表しますし、組み合わせがそのまま誕生物語を物語っていることも多いのです。

　本書「漢字イメージトレーニング」では、そのような漢字の特徴を利用して、漢字を最小単位のパーツから最大単位の漢字へと順を追って、意味と誕生物語を辿りながら学べるようになっています。三千年以上前の中国の生活や信仰を想像しながら、漢字をイメージする練習を重ねていくのです。そうすることで、漢字を通して物語られる、神々を祭る儀式や、神の家や、神に捧げる動物の命や肉にまつわる漢字物語が自然に読み取れるようになるでしょう。

　この『漢字イメージトレーニング500』では、まず、最小単位のパーツとなる漢字、日本語能力試験のN5、N4に出題される漢字、N3やN2に出題される漢字で初級日本語の語彙としてよく使われるもの、それらの漢字のパーツとなる漢字などを、５１３字収録しています。漢字の選定には、『漢字系統樹表2800』、日本語能力試験出題基準、初級日本語教科書（東京外国語大学留学生日本語教育センター編他）を参考にしました。そして、本書の最初の１５０字の中には漢字学習に欠かせない基本漢字（パーツとなる最小単位の漢字）が多く含まれているので、漢字学習必須の入門書とも言えます。これらの漢字が正しく書けるようになれば、その組み合わせである複雑な漢字も容易に書けるようにな

ります。つまり、本書には今後1000字、1500字と漢字学習を進めていく上で、たいへん重要な漢字と漢字学習法が含まれているのです。

　尚、本書の基となった［漢字系統樹］の拠り所とした字解は、多くを故白川静博士の字説によっています。

　それでは、太古の中国社会を想像し、漢字の誕生物語を思い描きながら、漢字を存分に楽しんでください。

２０２３年４月

善如寺　俊幸

凡例と使用法

本書は５１３字の見出し漢字について、以下のように説明されています。

漢字番号 （級／学年） 行と列	漢字誕生のイメージ画	筆順
音読み	意味	用例
見出し漢字 訓読み	漢字物語	もっと知りたい漢字の話

[漢字番号] は、本書の目次や索引で漢字を特定するためにつけられた番号です。また、番号の下には、（日本語能力試験出題基準となる級／日本の小学校における学習学年）と、さらに、その下に[『漢字系統樹表2800』（2020年12月版）の行と列]が示されています。（日本語能力試験出題基準となる級）で、「NO」とあるのは「N５からN１までに含まれない漢字」つまり「日本語能力試験出題基準外の漢字」ということで、（日本の小学校における学習学年）で「常用」とあるのは「日本の小学校では習わない常用漢字」のことです。

[音読み] はカタカナ書きにしてあります。

[見出し漢字] の書体は、印刷用の活字体ではなく、より筆記体に近いものが選ばれています。

[訓読み] はひらがな書きにしてあります。

[漢字誕生のイメージ画]は、漢字の成り立ち（誕生物語）を絵図で示したものです。漢字の字形がイメージしやすいように工夫されています。イメージ画と字形の繋がりをくり返し見ることによって、各パーツの本来の形が自然に思い描けるようになるでしょう。

　[筆順]は漢字の書き方を示したものです。

　[意味]では、漢字の意味（字義）が示されていますが、現在使われている意味だけでなく、本来の意味を加えたものもあります。

　[用例]では、漢字の使い方のうち比較的簡単でよく使う例を示しています。

　[漢字物語]では、漢字の成り立ち（誕生物語）や、成り立ちが複雑な場合は、覚え方を易しく示しています。本書を使って、漢字を学習するみなさんは、この[漢字物語]と[イメージ画]をいつもいっしょに見ながら覚えるといいでしょう。

　[もっと知りたい漢字の話]では、[漢字物語]で書ききれなかった本来の成り立ち（誕生物語）や同じ系統に属する関係の深い漢字について、少し詳しく説明しています。漢字について詳しく知りたい日本語上級者や漢字を教える先生方が参考にするとよいでしょう。

　「漢字物語」を参考にして、イメージ画と漢字を結びつける練習をくり返せば、漢字や漢字のパーツを見ただけで、その「漢字物語」や意味をイメージできるようになります。

本書を使って漢字の授業を行う先生がたへ

　本書を使って、漢字の授業を行う場合は、[漢字物語]や[もっと知りたい漢字の話]に関連する写真や映像を見せながら行うことを勧めます。それは何も古代中国のものに限らずともよいのです。自国の古代の信仰や祭りや習俗には、古代中国のそれらと驚くほど似ているものがあるはずですから。それに、漢字の世界が、自国の古代と意外にも似ていたことを知れば、学生は漢字をより身近に感じ、学習意欲を増してくれるはずですから。

漢字の学習には、復習クイズによる習得の確認が必要です。毎回の授業で、[用例]に書かれた語彙を復習クイズとして書かせたり読ませたりするといいでしょう。また余裕があれば、他の用例を追加して覚えさせることもできるでしょう。

　本書による漢字学習法は、漢字を系統的に関係の深いグループで捉え、同じ系統の漢字を関連づけて覚える方法です。授業では常にそのこと（漢字が孤立して個々にあるのではなく、密接な関係を持ったグループで成立していること）を『漢字系統樹 表2800』（扶桑社）や『漢字系統樹 表2800 解字』（電子書籍・扶桑社）などで確認しながら、同じ系統の漢字と結びつけて覚えるように指導してください。

　学生が、「漢字物語」を参考にして、イメージ画と漢字を結びつける練習をくり返せば、漢字や漢字のパーツを見ただけで、その「漢字物語」や意味をイメージできるようになります。それができるようになった学生はすでに自律的な漢字学習法を習得したことになります。

参考文献

阿辻哲次　『漢字の字源』講談社現代新書『漢字の歴史』大修館書店『漢字道楽』講談社選書

尾崎雄二郎編『訓読説文解字注』東海大学出版会

白川静　『文字逍遥』『字通』『新訂字統』『字訓』『白川静著作集2　漢字 II』『白川静著作集3 漢字 III』『白川静著作集4　甲骨文と殷史』『白川静著作集5　金文と経典』平凡社『中国古代の文化』『中国古代の民俗』講談社学術文庫『漢字』岩波新書『漢字百話』中公新書

善如寺俊幸「日の漢字系統樹」「隹の漢字系統樹」「木の漢字系統樹」「冂の漢字系統樹」「目の漢字系統樹」「人の漢字系統樹」「又」の漢字系統樹『東京外国語大学留学生日本語センター論集第29〜34号』『日本研究と日本語教育におけるグローバルネットワーク1日本研究と日本語教育研究 』『アジア太平洋地域における日本語教育』

陳舜臣『中国の歴史』講談社文庫

藤堂明保『漢字語源辞典』学燈社

水上静夫『甲骨金文辞典』『漢字誕生-古体漢字の基礎知識』雄山閣

諸橋轍次他『広漢和辞典』大修館書店

山田俊雄他『大字源』角川書店

段玉裁『説文解字注』1993年版上海古籍出版社

許慎『説文解字真本』中華民国75年版台湾中華書局

改訂 漢字イメージトレーニング 500

本編 目次

No	漢字	No	漢字	No	漢字	No	漢字	No	漢字
1	一	40	肉	79	南	118	学	157	場
2	二	41	心	80	北	119	見	158	湯
3	三	42	手	81	背	120	覚	159	台
4	十	43	門	82	西	121	高	160	始
5	七	44	車	83	曲	122	京	161	衣
6	五	45	舟	84	買	123	石	162	卒
7	八	46	刀	85	習	124	厚	163	遠
8	四	47	弓	86	大	125	間	164	園
9	六	48	矢	87	夜	126	問	165	布
10	九	49	糸	88	立	127	聞	166	玉
11	日	50	上	89	太	128	関	167	国
12	月	51	下	90	天	129	開	168	分
13	山	52	中	91	千	130	才	169	貧
14	土	53	円	92	万	131	財	170	半
15	田	54	早	93	兄	132	閉	171	小
16	川	55	草	94	母	133	戸	172	少
17	水	56	朝	95	毎	134	所	173	砂
18	火	57	昼	96	海	135	近	174	秒
19	雨	58	春	97	右	136	辛	175	消
20	木	59	明	98	名	137	言	176	同
21	竹	60	夕	99	若	138	新	177	昔
22	米	61	金	100	父	139	親	178	借
23	牛	62	行	101	工	140	合	179	畑
24	犬	63	氷	102	左	141	答	180	里
25	羊	64	冬	103	友	142	今	181	理
26	馬	65	秋	104	寺	143	会	182	番
27	象	66	夏	105	時	144	絵	183	画
28	鳥	67	年	106	私	145	者	184	周
29	羽	68	休	107	公	146	暑	185	週
30	魚	69	林	108	家	147	都	186	調
31	卵	70	森	109	穴	148	王	187	育
32	貝	71	本	110	窓	149	士	188	流
33	虫	72	体	111	広	150	仕	189	泉
34	人	73	冊	112	止	151	弱	190	線
35	女	74	東	113	足	152	強	191	永
36	子	75	白	114	先	153	引	192	泳
37	耳	76	百	115	洗	154	丁	193	寒
38	目	77	生	116	力	155	町	194	終
39	口	78	青	117	男	156	物	195	赤

No	漢字	No	漢字	No	漢字	No	漢字	No	漢字
196	黒	235	遅	274	花	313	何	352	寝
197	雪	236	鳴	275	比	314	音	353	受
198	雲	237	島	276	皆	315	暗	354	授
199	申	238	集	277	階	316	意	355	愛
200	電	239	進	278	長	317	多	356	業
201	示	240	曜	279	丸	318	移	357	対
202	神	241	飛	280	身	319	有	358	付
203	社	242	漁	281	安	320	散	359	符
204	祭	243	占	282	要	321	骨	360	府
205	際	244	外	283	腰	322	過	361	持
206	気	245	店	284	字	323	別	362	待
207	未	246	点	285	好	324	死	363	特
208	味	247	震	286	面	325	失	364	送
209	妹	248	農	287	首	326	鉄	365	走
210	末	249	風	288	道	327	支	366	歩
211	束	250	地	289	県	328	枝	367	正
212	速	251	池	290	真	329	教	368	政
213	乗	252	文	291	方	330	枚	369	証
214	楽	253	央	292	思	331	投	370	定
215	薬	254	英	293	自	332	殺	371	駅
216	宿	255	映	294	鼻	333	役	372	前
217	晴	256	夫	295	取	334	段	373	後
218	争	257	庭	296	直	335	反	374	降
219	静	258	重	297	植	336	飯	375	各
220	和	259	動	298	銀	337	板	376	客
221	平	260	働	299	根	338	坂	377	落
222	季	261	出	300	民	339	返	378	違
223	来	262	売	301	眠	340	史	379	悪
224	良	263	続	302	舌	341	事	380	研
225	娘	264	読	303	話	342	使	381	形
226	食	265	免	304	信	343	決	382	留
227	氏	266	勉	305	古	344	筆	383	机
228	紙	267	晩	306	苦	345	建	384	病
229	婚	268	交	307	湖	346	書	385	主
230	低	269	校	308	欠	347	着	386	柱
231	角	270	危	309	次	348	急	387	住
232	毛	271	迎	310	飲	349	掃	388	注
233	洋	272	色	311	可	350	婦	389	駐
234	美	273	化	312	歌	351	帰	390	由

No	漢字	No	漢字	No	漢字	No	漢字
391	油	430	旅	469	第	508	区
392	酒	431	族	470	市	509	更
393	員	432	遊	471	姉	510	便
394	豆	433	治	472	官	511	約
395	頭	434	以	473	館	512	共
396	題	435	似	474	助	513	港
397	産	436	余	475	焼		
398	顔	437	除	476	作		
399	登	438	茶	477	与		
400	発	439	午	478	写		
401	吉	440	許	479	歴		
402	結	441	単	480	練		
403	害	442	戦	481	果		
404	去	443	声	482	課		
405	法	444	喜	483	性		
406	料	445	両	484	不		
407	科	446	専	485	術		
408	軍	447	伝	486	革		
409	運	448	転	487	皮		
410	切	449	船	488	難		
411	初	450	介	489	勤		
412	短	451	界	490	漢		
413	知	452	計	491	席		
414	医	453	世	492	度		
415	黄	454	語	493	質		
416	横	455	予	494	元		
417	至	456	野	495	完		
418	室	457	入	496	院		
419	屋	458	内	497	祝		
420	空	459	回	498	亡		
421	究	460	図	499	服		
422	用	461	困	500	向		
423	通	462	老	501	堂		
424	痛	463	考	502	験		
425	代	464	乳	503	険		
426	貸	465	礼	504	召		
427	式	466	己	505	招		
428	試	467	起	506	紹		
429	必	468	弟	507	品		

改訂 漢字イメージトレーニング500

本編

1
(N5／1年)
58 行 43 列

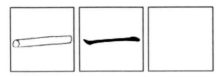

意味
　　1　ひとつ

用例
　<ruby>一<rt>ひと</rt></ruby>つ　<ruby>一人<rt>ひとり</rt></ruby>　<ruby>一<rt>いち</rt></ruby>ねん　<ruby>一<rt>いち</rt></ruby>にち　<ruby>一<rt>いっ</rt></ruby>しゅうかん
　<ruby>一月一日<rt>いちがつついたち</rt></ruby>

イチ

漢字物語
<ruby>鉛筆<rt>えんぴつ</rt></ruby>のような<ruby>木<rt>き</rt></ruby>を<ruby>一本置<rt>いっぽんお</rt></ruby>いた<ruby>形<rt>かたち</rt></ruby>です。

もっと知りたい漢字の話

一

ひと（つ）

2
(N5／1年)
58 行 45 列

意味
　　2　ふたつ

用例
　<ruby>二<rt>ふた</rt></ruby>つ　<ruby>二日<rt>ふつか</rt></ruby>　<ruby>二人<rt>ふたり</rt></ruby>　<ruby>二<rt>に</rt></ruby>じかん

ニ

漢字物語
<ruby>鉛筆<rt>えんぴつ</rt></ruby>のような<ruby>木<rt>き</rt></ruby>を<ruby>二本置<rt>にほんお</rt></ruby>いた<ruby>形<rt>かたち</rt></ruby>です。

もっと知りたい漢字の話

二

ふた（つ）

3
(N5／1年)
58 行 44 列

一 二 三

意味

3　みっつ

用例

三つ　三日　三ぷん　三人

サン

漢字物語

鉛筆のような木を三本置いた形です。

三

みっ（つ）
み

もっと知りたい漢字の話

4
(N5／1年)
59 行 21 列

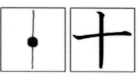

一 十

意味

10　とお　（まとめる）

用例

りんごを十かう　十人　十かげつ

ジュウ

漢字物語

古い漢字では、太い縦線の中間に黒い●を書いて、一つにまとめることを表しましたが、今は「十」と書きます。

とお

もっと知りたい漢字の話

果物などを搾って合わせて（まとめて）「汁」、力を合わせて（まとめて）「協」です。また、「20」を「廿」、「30」を「卅」と書くことがあります。

5
（N5／1年）
59 行 28 列

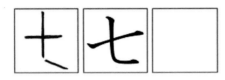

一 七

シチ

七

なな（つ）

意味

7　ななつ

用例

<ruby>七<rt>なな</rt></ruby>つ　<ruby>七人<rt>しちにん</rt></ruby>　<ruby>七月<rt>しちがつ</rt></ruby>

漢字物語

「十」の<ruby>下<rt>した</rt></ruby>を<ruby>短<rt>みじか</rt></ruby>く<ruby>切<rt>き</rt></ruby>った<ruby>形<rt>かたち</rt></ruby>です。「7」と<ruby>発音<rt>はつおん</rt></ruby>が<ruby>同<rt>おな</rt></ruby>じだったので、「7」の<ruby>意味<rt>いみ</rt></ruby>で<ruby>使<rt>つか</rt></ruby>うようになりました。「十」の<ruby>下<rt>した</rt></ruby>を<ruby>切<rt>き</rt></ruby>った<ruby>数<rt>かず</rt></ruby>と<ruby>覚<rt>おぼ</rt></ruby>えても<ruby>良<rt>よ</rt></ruby>いでしょう。

もっと知りたい漢字の話

「七」は、<ruby>占<rt>うらな</rt></ruby>いに<ruby>使<rt>つか</rt></ruby>うために<ruby>切<rt>き</rt></ruby>った<ruby>骨<rt>ほね</rt></ruby>の<ruby>形<rt>かたち</rt></ruby>を<ruby>表<rt>あらわ</rt></ruby>すとも<ruby>言<rt>い</rt></ruby>われています。「<ruby>刀<rt>かたな</rt></ruby>」を<ruby>加<rt>くわ</rt></ruby>えると「<ruby>切<rt>き</rt></ruby>る」になります。また、「7」は「5」や「3」と<ruby>同<rt>おな</rt></ruby>じように<ruby>神聖<rt>しんせい</rt></ruby>な<ruby>数<rt>かず</rt></ruby>と<ruby>考<rt>かんが</rt></ruby>えられています。<ruby>日本<rt>にっぽん</rt></ruby>では、<ruby>今<rt>いま</rt></ruby>も7<ruby>才<rt>さい</rt></ruby>、5<ruby>才<rt>さい</rt></ruby>、3<ruby>才<rt>さい</rt></ruby>のとき「<ruby>七五三<rt>しちごさん</rt></ruby>」の<ruby>祝<rt>いわ</rt></ruby>いをします。

6
（N5／1年）
42 行 35 列

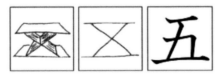

一 丆 五 五

ゴ

五

いつ（つ）

意味

5　いつつ

用例

<ruby>五<rt>いつ</rt></ruby>つ　<ruby>五日<rt>いつか</rt></ruby>　<ruby>五人<rt>ごにん</rt></ruby>　<ruby>五十<rt>ごじゅう</rt></ruby>

漢字物語

<ruby>板<rt>いた</rt></ruby>を<ruby>交差<rt>こうさ</rt></ruby>して<ruby>作<rt>つく</rt></ruby>った<ruby>二重<rt>にじゅう</rt></ruby>の<ruby>蓋<rt>ふた</rt></ruby>の<ruby>形<rt>かたち</rt></ruby>です。「5」と<ruby>発音<rt>はつおん</rt></ruby>が<ruby>同<rt>おな</rt></ruby>じだったので「5」の<ruby>意味<rt>いみ</rt></ruby>で<ruby>使<rt>つか</rt></ruby>うようになりました。

もっと知りたい漢字の話

<ruby>祝詞<rt>のりと</rt></ruby>（<ruby>祈<rt>いの</rt></ruby>りの<ruby>言葉<rt>ことば</rt></ruby>）を<ruby>入<rt>い</rt></ruby>れる<ruby>器<rt>うつわ</rt></ruby>（<ruby>口<rt>さい</rt></ruby>）に、この<ruby>蓋<rt>ふた</rt></ruby>（五）をした<ruby>形<rt>かたち</rt></ruby>が「<ruby>吾<rt>ご</rt></ruby>」（<ruby>祈<rt>いの</rt></ruby>りを<ruby>守<rt>まも</rt></ruby>ること）で、その<ruby>祈<rt>いの</rt></ruby>りの<ruby>言葉<rt>ことば</rt></ruby>が「<ruby>語<rt>ご</rt></ruby>」、そのとき、<ruby>心<rt>こころ</rt></ruby>が<ruby>悟<rt>さと</rt></ruby>ることを「<ruby>悟<rt>ご</rt></ruby>」といいます。「5」も<ruby>五行<rt>ごぎょう</rt></ruby>（<ruby>自然<rt>しぜん</rt></ruby>の<ruby>五元素<rt>ごげんそ</rt></ruby>：<ruby>木<rt>き</rt></ruby>・<ruby>火<rt>ひ</rt></ruby>・<ruby>土<rt>つち</rt></ruby>・<ruby>金<rt>かね</rt></ruby>・<ruby>水<rt>みず</rt></ruby>）などに<ruby>使<rt>つか</rt></ruby>われ、<ruby>神聖<rt>しんせい</rt></ruby>な<ruby>数<rt>かず</rt></ruby>と<ruby>考<rt>かんが</rt></ruby>えられています。

7
(N5/1年)
59 行 9 列

 ノ 八

意味

8　やっつ　分(わ)ける

用例

八(やっ)つ　八人(はちにん)　八日(ようか)　八月(はちがつ)

ハチ

八

やっ（つ）

漢字物語

ロープなどを左右に分ける 形 です。「8」と発音が同じだったので「8」の意味(いみ)で使(つか)うようになりました。カタカナの「ハ」はこの字(じ)から作(つく)られました。

もっと知りたい漢字の話

「八」の下(した)に「刀(かたな)」を書(か)くと「分」(わける)で、下(した)に「牛(うし)」を書(か)けば「半(はん)」で、牛(うし)を半分(はんぶん)に切(き)り分(わ)けることを表(あらわ)します。

8
(N5/1年)
25 行 42 列

 丨 冂 冖 四 四

意味

4　よっつ

用例

四(よっ)つ　四人(よにん)　四十(よんじゅう)　四日(よっか)　四月(しがつ)

シ

四

よっ（つ）
よん

漢字物語

四本(よんほん)の線(せん)が変化(へんか)した 形(かたち) と覚(おぼ)えましょう。

もっと知りたい漢字の話

古(ふる)い漢字(かんじ)では横線(よこせん)を四本(よんほん)書(か)いていましたが、見(み)たとき「三(さん)」とまちがいやすかったので、同(おな)じ発音(はつおん)の「四」という字(じ)を使(つか)うようになりました。「四」は大(おお)きく開(ひら)いた口(くち)の形(かたち)を表(あらわ)します。

9
(N5／1年)
34 行 31 列

一 ナ 六 六

ロク

六

むっ（つ）

意味

6　むっつ

用例

六つ　六日　六人　六月

漢字物語

「六」はテントの形です。「6」と発音が同じだったので、「六」を「6」の意味で使うようになりました。

もっと知りたい漢字の話

テントを表す「六」を二つ重ね、下に土を書いて、神聖な土地にテントを張り、神を迎えることを表す字が「垚」です。「垚」の左側に、神が天から降りてくる階段（梯子）の形（阝）を書くと「陸」になります。「陸」はテントを張って、神を迎える儀式を行う高い所（おか）を表します。そして、迎えた神を祭る所を「陵」といいます。そこに、天子(皇帝)の墓を造ることが多かったので、「天子の墓」の意味になりました。

10
(N5／1年)
15 行 1 列

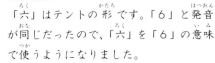

ノ 九

キュウ
ク

九

ここの（つ）

意味

9　ここのつ　（奥までとどく）

用例

九つ　九日　九月　九十

漢字物語

「九」です。古い漢字は、穴の奥で体を折り曲げた竜の形を表します。「9」と発音が同じだったので「9」の意味で使うようになりました。

もっと知りたい漢字の話

11
(N5／1年)
1行1列

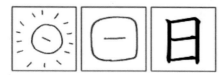

ニチ
ジツ

日

ひ
か

意味
ひ　たいよう
日　太陽

漢字物語
たいよう　かたち　　　　なか　てん　なか　から
太陽の形です。中の点は中が空ではな
あらわ
いことを表しています。

用例
ひ　　とおか　じゅういちにち　にち　び　がんじつ
お日さま　十日　十一日　日よう日　元日

もっと知りたい漢字の話

12
(N5／1年)
1行50列

ゲツ
ガツ

月

つき

意味
つき　いっ　げつ
月　一か月

漢字物語
みかづき　かたち
三日月の形です。

用例
つきみ　みかづき　まんげつ　いちがつ　いっげつ
お月見　三日月　満月　一月　一か月

もっと知りたい漢字の話
ゆう　　　　　　　　　みかづき　かたち　　　　きんぶん
「夕」(No.60)も三日月の形ですが、金文という
ふる　かんじ　　　　　つき　　　　てん　か　　ゆう　　か
古い漢字では、「月」には点を書き、「夕」には書き
ゆうがた　うす　つき　　　　　　み　　　　よる　つき
ません。夕方の薄い月とはっきり見える夜の月を
くべつ
区別したのです。

13
(N5 / 1年)
2行8列

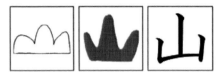

｜ 山 山

意味
山（やま）　いちばん高（たか）いところ

用例
山（やま）の上（うえ）　ふじ山（さん）

サン

漢字物語
山（やま）の形（かたち）です。

もっと知りたい漢字の話

山

やま

14
(N5 / 1年)
2行29列

一 十 土

意味
土（つち）　土地（とち）

用例
くろい土（つち）　土地（とち）　土（ど）よう日（び）

ト
ド

漢字物語
土（つち）を山（やま）のように盛（も）った形（かたち）です。もとは土地（とち）の神（かみ）を表（あらわ）しました。

もっと知りたい漢字の話
神社（じんじゃ）の「社」（No.203）には土地（とち）の神（かみ）を表（あらわ）す「土」をパーツとして使（つか）っています。

土

つち

15

 丨 冂 Ⅲ 田 田

意味
た た
田　田んぼ

用例
た んぼ　すいでん
田んぼ　水田

デン

漢字物語
た　かたち
田の形です。

もっと知りたい漢字の話

田

た

16

 ノ 刂 川

意味
かわ
川

用例
おお　かわ　かせん
大きい川　河川

セン

漢字物語
かわ　かたち
川の形です。

もっと知りたい漢字の話

川

かわ

17
（N5／1年）
3行29列

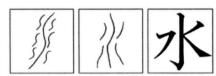

丨 기 기 水

意味
みず
水

用例
きれいな水　水よう日

スイ

水

みず

漢字物語
流れる水の形です。左側のパーツとして使うときは「氵」と書きます。

もっと知りたい漢字の話
「氵」は「水」の右側を省いた形です。
「氷」（No.63）も見てください。

18
（N5／1年）
4行2列

丶 丷 火

意味
ひ
火

用例
火をつける　火事　火よう日

カ

火

ひ

漢字物語
火の形です。下側のパーツとして使うときは「灬」と書きます。

もっと知りたい漢字の話
「黒」や「熱」のように、下側のパーツとして使うときは「灬」と書きますが、動物を表す「馬」や「鳥」や「魚」では火ではなく、足や尾を表します。

19

4行49列

  雨

一ナ丙丙雨雨雨雨

ウ

雨

あめ
あま

意味
あめ
雨

漢字物語
くも あめ ふ かたち
雲から雨が降っている形です。

用例
あめ あまぐ ふうう
雨がふる　雨具　風雨

もっと知りたい漢字の話
ゆき くも うえがわ つか
「雪」や「雲」のように、上側のパーツとして使う
てんき あらわ
ときは天気を表しています。

20

5行15列

  木

一十才木

モク
ボク

木

き

意味
き
木

漢字物語
き かたち
木の形です。

用例
たか き もく び もくざい どぼくこうがく
高い木　木よう日　木材　土木工学

もっと知りたい漢字の話

15

21
(N2／1年)
7 行 21 列

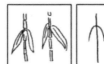  竹　ノ ⺮ ⺮ ⺮ ⺮ 竹

意味
たけ
竹

用例
たけ　ちくりん　　しない
竹　竹林　（竹刀）

チク

竹

たけ

漢字物語
たけ　は　かたち　　うえがわ
竹の葉の形です。上側のパーツとして
つか
よく使われます。

もっと知りたい漢字の話
ちゅうごく　　たけ　おお　　たけ
中国には竹が多く、竹でいろいろなものを作りま
ふで　　　たけ　　　つか
した。それで「筆」など「竹」をパーツとして使う
じ　おお
字が多いのです。

22
(N3／2年)
8 行 8 列

  米　、 ⺍ 二 半 米 米

意味
こめ
米

用例
こめ　むぎ　こめや　はくまい　げんまい　なんべい　ほくべい
米と麦　米屋　白米　玄米　南米と北米

マイ
ベイ

米

こめ

漢字物語
いね　ほ　み　かたち
稲の穂（実）の形です。

もっと知りたい漢字の話
ふん　　し　　　こめ　じ
「糞」や「屎」にある「米」は、もとは「米」の字
こめ　こと　　　　　　しり
ではありませんが、「米が異なったもの」や「お尻
し　　こめ　かんが　　　　　　　　　　　じ
（尸）から出る米」と考えるとおもしろい字です
ね。

23
(N4／2年)
8 行 25 列

ノ　ケ　ニ　牛

意味
うし
牛

用例
うし　ぎゅうにゅう　ぎゅうにく
牛　牛乳　牛肉

ギュウ

漢字物語
うし　あたま　まえ　み　かたち
牛の頭を前から見た形です。

牛

うし

もっと知りたい漢字の話
ひつじ　　　　　　どうぶつ　とくちょう　せん
「羊」(No.25)も見てください。動物の特徴を線
じょうず　あらわ
で上手に表しています。

24
(N4／1年)
8 行 31 列

一ナ大犬

意味
いぬ
犬

用例
いぬ　こいぬ　おおがたけん　　　　けん
犬　子犬　大型犬　けいさつ犬

ケン

漢字物語
いぬ　たて　か　かたち
犬を縦に書いた形です。

犬

いぬ

もっと知りたい漢字の話
いぬ　ぎせい　　　　　　　　かみ　ささ
むかし、犬は犠牲(いけにえ)として神に捧げら
けん　　　　　　　　　　　　　　　　いぬ
れました。それで、「献」などにパーツとして「犬」
つか
が使われているのです。

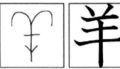 羊　　　、ヽソ丷兰羊

ヨウ

羊

ひつじ

意味
ひつじ

用例
羊の毛　羊毛

漢字物語
羊の頭を前から見た形です。

もっと知りたい漢字の話
羊も牛や犬と同じように、犠牲（いけにえ）として神に捧げられました。「美」（No.234）や「義」など、「羊」から作った漢字もたくさんあります。

  馬　　　１厂厂厓厓馬馬馬馬馬

バ

馬

うま

意味
うま

用例
馬　馬車　乗馬

漢字物語
馬を縦に書いた形です。

もっと知りたい漢字の話
「犬」や「象」も同じですが、動物の全体の形を漢字にする時は縦に書きました。漢字の文は縦書きだったので、横に長い形は立てて書いたのです。

27

  象

ゝ ワ ゟ ゟ 缶 缶 缶 身 象 象

ゾウ
ショウ

象

意味

ぞう　すがた　かたち

漢字物語

象を縦に書いた形です。

用例

アフリカ象　気象予報　日本の印象

もっと知りたい漢字の話

象は土木工事などによく使われました。「為」は、象を使って工事することを表します。

28

  鳥

ゝ ィ ㇆ ㇇ 自 自 鳥 鳥 鳥 鳥

チョウ

鳥

とり

意味

とり

漢字物語

鳥の形です。

用例

小鳥　親鳥　白鳥　野鳥

もっと知りたい漢字の話

「鳥」のほかに、もう一つ「隹」という字があります。「隹」は漢字のパーツとして、よく使われます。「とり」は神のメッセージを伝えたり、亡くなった人の心を運んだりする神聖な動物と考えられていたので、祭りなどでは鳥を使った占いの儀式もよく行われました。

29
（N2/2年）
13行10列

コ ヨ ヨ 羽 羽 羽

ウ

羽

はね
は

意味
はね

用例
鳥の羽　一羽、二羽、三羽　羽毛

漢字物語
鳥の羽を二枚並べた形です。

もっと知りたい漢字の話
神聖なものと考えられていた鳥の羽は魔除けの飾りとして、武器や戦旗（戦争の旗）につけられました。

30
（N4/2年）
13行19列

ノ ク ク 内 内 角 角 魚 魚 魚

ギョ

魚

さかな
うお

意味
さかな　うお

用例
魚屋　魚市場　金魚

漢字物語
魚を縦に書いた形です。

もっと知りたい漢字の話
訓読みには「さかな」と「うお」があります。特に食べ物として使うときは「さかな」と言います。

31

（N2／6年）
13行24列

` 乙 乒 月 卯 卯 卵

意味
たまご

用例
魚の卵　産卵する　卵黄　卵白

ラン

漢字物語
枝についた虫の卵やカエルの卵の形です。

もっと知りたい漢字の話
日本語では、料理に使った卵を「玉子」と書くこともあります。

卵

たまご

32

（N2／1年）
13行28列

丨 冂 冃 月 目 貝 貝

意味
貝

用例
貝　二枚貝　子安貝

漢字物語
子安貝という貝の形です。
中国ではむかし、貝はお金でした。
それで「貝」をパーツとして使った漢字は、お金に関係があります。

もっと知りたい漢字の話
南の海でとれる子安貝は珍しくて、金や銀などのお金ができるまで、お金として使われました。
それで、「買う」など、お金に関係のある漢字にはパーツとして「貝」が使われているのです。

貝

かい

33
（Ｎ２／１年）
14行25列

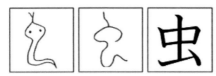

、 口 口 中 虫 虫

意味
むし

用例
<ruby>虫<rt>むし</rt></ruby>　<ruby>毛虫<rt>けむし</rt></ruby>　<ruby>昆虫<rt>こんちゅう</rt></ruby>

チュウ

漢字物語
<ruby>蛇<rt>へび</rt></ruby>や<ruby>虫<rt>むし</rt></ruby>の<ruby>形<rt>かたち</rt></ruby>です。

もっと知りたい漢字の話
むかしは小さい「むし」を「蟲」、「へび」などを「虫」と<ruby>書<rt>か</rt></ruby>きました。それで、「<ruby>蛇<rt>へび</rt></ruby>」という<ruby>字<rt>じ</rt></ruby>に「虫」が<ruby>使<rt>つか</rt></ruby>われているのです。

虫

むし

34
（Ｎ５／１年）
15行11列

ノ 人

意味
ひと

用例
<ruby>人々<rt>ひとびと</rt></ruby>　<ruby>日本人<rt>にほんじん</rt></ruby>　<ruby>人間<rt>にんげん</rt></ruby>　<ruby>人形<rt>にんぎょう</rt></ruby>　<ruby>人数<rt>にんずう</rt></ruby>
<ruby>一人<rt>ひとり</rt></ruby>　<ruby>二人<rt>ふたり</rt></ruby>　<ruby>三人<rt>さんにん</rt></ruby>

ジン
ニン

漢字物語
<ruby>立<rt>た</rt></ruby>っている<ruby>人<rt>ひと</rt></ruby>を<ruby>横<rt>よこ</rt></ruby>から<ruby>見<rt>み</rt></ruby>た<ruby>形<rt>かたち</rt></ruby>です。
パーツとして<ruby>左側<rt>ひだりがわ</rt></ruby>に<ruby>書<rt>か</rt></ruby>くときは「イ」、
<ruby>下側<rt>したがわ</rt></ruby>に<ruby>書<rt>か</rt></ruby>くときは「儿」と<ruby>書<rt>か</rt></ruby>きます。

もっと知りたい漢字の話
<ruby>人<rt>ひと</rt></ruby>を<ruby>前<rt>まえ</rt></ruby>から<ruby>見<rt>み</rt></ruby>た<ruby>形<rt>かたち</rt></ruby>が「<ruby>大<rt>だい</rt></ruby>」や「<ruby>立<rt>りつ</rt></ruby>」です。

人

ひと

35

(N5／1 年)

21 行 46 列

  　く 女 女

ジョ
ニョ

女

おんな
め

意味

おんな

用例

女の人　女子学生　女王　女神

漢字物語

　跪いた女の人の形です。跪くのは神に祈るときの姿勢です。

もっと知りたい漢字の話

36

(N5／1 年)

22 行 27 列

　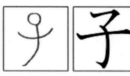　フ 了 子

シ
ス

子

こ

意味

こども　とても小さいもの

用例

子供　女子　男子　卵子　様子

漢字物語

子供の形です。

もっと知りたい漢字の話

23

37
（N3／1年）
24 行 18 列

一 T F E 耳

意味
みみ

用例
耳が悪い　耳鼻科の医者

ジ

漢字物語
耳の形です。

もっと知りたい漢字の話

耳

みみ

38
（N4／1年）
24 行 30 列

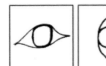

l 冂 冂 目 目

意味
め

用例
目がわるい　科目　目的　帽子を目深にかぶる

モク

漢字物語
目を縦に書いた形です。

もっと知りたい漢字の話
「目」は目を立てて書いた形ですが、パーツとして使う時は、「徳」や「曼」のように、立てないで「罒」と書くことがあります。

めま

39
（N4／1年）
25行39列

コウ
ク

口

くち

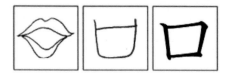

ヽ 口 口

意味
くち

用例
<ruby>大<rt>おお</rt></ruby>きい<ruby>口<rt>くち</rt></ruby>　<ruby>人口<rt>じんこう</rt></ruby>　<ruby>銀行口座<rt>ぎんこうこうざ</rt></ruby>　<ruby>口調<rt>くちょう</rt></ruby>

漢字物語
<ruby>口<rt>くち</rt></ruby>の<ruby>形<rt>かたち</rt></ruby>です。

もっと知りたい漢字の話
「口」は「くち」のほかに、祝詞（祈りの言葉を書いたもの）を入れる器を表します。祭りでは、その器を捧げて神に祈りました。「兄」や「名」などにパーツとして使われている「口」（「さい」と読みます）は、その器を表します。

40
（N4／2年）
10行47列

ニク

肉

一 冂 内 内 肉 肉

意味
にく

用例
<ruby>肉<rt>にく</rt></ruby>　<ruby>牛肉<rt>ぎゅうにく</rt></ruby>　<ruby>鳥肉<rt>とりにく</rt></ruby>　<ruby>肉体<rt>にくたい</rt></ruby>

漢字物語
<ruby>肉<rt>にく</rt></ruby>の<ruby>形<rt>かたち</rt></ruby>です。パーツとして<ruby>使<rt>つか</rt></ruby>うときは「月」と<ruby>同<rt>おな</rt></ruby>じ<ruby>形<rt>かたち</rt></ruby>になります。

もっと知りたい漢字の話
「胃」や「腹」や「背」のように、体に関係のある字などにパーツとして使うときは「月」の形になります。

41

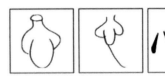 丶 心 心 心

シン

心

こころ

意味
こころ　心臓（しんぞう）

用例
心（こころ）と体（からだ）　心配（しんぱい）　安心（あんしん）　心臓（しんぞう）

漢字物語
心臓（しんぞう）の形（かたち）です。パーツとして左側（ひだりがわ）に使（つか）うときは「忄」と書（か）きます。

もっと知りたい漢字の話
パーツとして左側（ひだりがわ）に使（つか）うときは「性」のように「忄」と書（か）き、下側（したがわ）に使（つか）うときは「慕」のように「小（しょう）」と書（か）くこともあります。

42

 一 二 三 手

シュ

手

て

意味
手（て）人（ひと）　技術（ぎじゅつ）の上手（じょうず）な人（ひと）

用例
右手（みぎて）　手紙（てがみ）　握手（あくしゅ）　話（はな）し手（て）　歌手（かしゅ）　運転手（うんてんしゅ）

漢字物語
手（て）の形（かたち）です。左側（ひだりがわ）のパーツとして使（つか）うときは「扌」と書（か）きます。

もっと知りたい漢字の話
「話（はな）し手（て）」など人（ひと）を表（あらわ）すほかに、「運転手（うんてんしゅ）」など技術（ぎじゅつ）の上手（じょうず）な人（ひと）の意味（いみ）でも使（つか）います。

43
（N2／2年）
36 行 3 列

ー ｺ ｒ ｦ ｦ 門 門 門

モン

門

かど

意味

もん

用例

門松　新しい門出　大学の門　正門　専門

漢字物語

神殿（神の家）の両側にドア（扉）がある門の形です。

もっと知りたい漢字の話

門の左側のドアの形から「戸」ができました。むかしの家には必ず門があったので、「名門」など「門」には「家」の意味もあります。

44
（N5／1年）
44 行 20 列

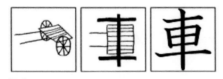

一 ｒ ｒ 百 百 亘 車

シャ

車

くるま

意味

くるま（自動車）

用例

車　自動車　自転車　列車　電車　車道

漢字物語

戦争用の馬車（戦車）を上から見た形です。

もっと知りたい漢字の話

「車」（戦車）に旗を立てた形が「軍」です。

45
（N２/常用）
44 行 33 列

、 ノ 彳 彳 舟 舟

意味
ふね ふね かたち に うつわ
舟 舟の形に似た器

用例
ふね こぶね ゆぶね
舟をこぐ 小舟 湯舟

シュウ

ふね

漢字物語
おお き まるきぶね かたち
大きい木でつくった丸木舟の形です。

もっと知りたい漢字の話
ふね に かたち ようき ばん みず た もの
舟に似た形の容器（盤）をつくって水や食べ物な
い ようき かんけい かんじ
どを入れました。それで、容器に関係のある漢字
はん
（般など）にもパーツとして「舟」を使います。
まえ ふく かたち
また「前」や「服」のように、「舟」を「月」の形
か
に書くこともあります。

46
（N１/２年）
47 行 5 列

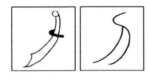

フ刀

意味
かたな
かたな

用例
かたな ゆみ にほんとう
刀と弓 日本刀

トウ

かたな

漢字物語
かたな かたち みぎがわ かたな
刀の形です。右側のパーツ「刂」は刀
あらわ
を表します。

もっと知りたい漢字の話
かたは かたがわ き りょうば りょうがわ
片刃（片側だけ切れる）のものを「刀」、両刃（両側
き けん
が切れる）のものを「剣」といいます。

47
（N1/2年）
49 行 3 列

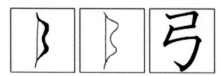

ㄱㄱ弓

意味
ゆみ
弓

用例
ゆみや　きゅうどう
弓矢　弓道

キュウ

弓

ゆみ

漢字物語
ゆみ　かたち
弓の形です。

もっと知りたい漢字の話
ゆみ　ま よ　　 ちから　　　　 しん
弓は魔除けの力があると信じられていました。
いま じんじゃ まつ すもう お　 ぎしき ゆみと しき
今も神社の祭りや相撲の終わりの儀式（弓取り式）
つか
に使われています。

48
（N1/2年）
49 行 19 列

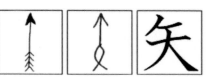

ノ 𠂉 ヒ 午 矢

意味
や
矢

用例
ゆみ と や　　 いっし むく
弓と矢　一矢報いる

シ

矢

や

漢字物語
や　かたち
矢の形です。

もっと知りたい漢字の話
ゆみ　や　かみ ちから　　　　 しん
弓も矢も神の力があると信じられていたので、
ぎしき まつ つか いま じんじゃ
儀式や祭りなどでよく使われました。今も神社の
まつ つか
祭りに使われています。

49

く　幺　幺　糸　糸　糸

シ

糸

いと

意味
いと

用例
糸　毛糸　絹糸　抜糸する

漢字物語
糸束の形です。

もっと知りたい漢字の話
むかしは、シルク（絹糸）を糸と言いました。

50

１　卜　上

ジョウ

上

うえ
うわ
かみ
あ（がる）
のぼ（る）

意味
上

用例
いすの上に上がる　　上着　　川を上る
川の上流　　地上　　海上　　上手な

漢字物語
点を線の上側に書いて、上を表します。

もっと知りたい漢字の話

51
(N5／1年)
59行32列

一丁下

ゲ
カ

下

した
しも
もと
さ（がる）
くだ（る）
お（りる）

意味
した

漢字物語
横線の下に点を書いて、下を表します。

用例
机の下　気温が下がる　川を下る
階段を下りる　地下鉄　上下

もっと知りたい漢字の話
下がる＝レベル（熱、温度、成績、値段など）が低
　　　　くなる。
下りる＝人や物が下へ動く。（幕が下りる）
下る＝時間をかけて下へ行く。（山や川を下る）
　ただし、天国から地上に神が降りて来るように、
下へ動くというより、単に「他の世界や立場に移
る」というときは、「霜が降りる、電車を降りる、
主役を降りる」のように「降りる」と書きます。

52
(N5／1年)
51行34列

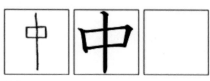

丶口口中

チュウ
ジュウ

中

なか

意味
なか

漢字物語
古代の軍隊の中央に立てた旗を表し
ます。
世界中のように「〜じゅう」と読むと
きは「〜の全部」、授業中のように「〜
ちゅう」と読むときは「〜の途中」とい
う意味です。

用例
かばんの中　中学校　中心　中国
授業中　午前中　世界中　一日中

もっと知りたい漢字の話
三千年以上前の中国（殷）の軍隊は左、中、右
の三つのグループに分かれて並びました。その
左軍、中軍、右軍の全軍を指揮する将軍は中軍
にいたので、そこに軍旗（軍隊の旗）を立てまし
た。それで、中間だけでなく、内の意味が生じ、
中心、中央などの意味が生じました。

| ノ 冂 冂 円

エン

円

まる（い）

意味
まるい（円形）　えん

用例
円いテーブル　円をかく　円柱　百円

漢字物語
まるい 鼎_{かなえ}（料理用_{りょうりよう}の大釜_{おおがま}）の 形_{かたち} です。

もっと知りたい漢字の話
もとの字は「圓_{えんけい}」です。今_{いま}は簡単_{かんたん}に「円_{えん}」と書_かきます。円形_{えんけい}の「まるい」は「円_{えん}」、球形_{きゆうけい}の「まるい」は「丸_{がん}」（No.279）を使_{つか}います。「円_{えん}」は「まるい」のほかに日本_{にほん}のお金_{かね}の「えん」にも使_{つか}います。

| 冂 冃 日 旦 早

ソウ
サッ

早

はや（い）

意味
時間_{じかん}がはやい

用例
朝早_{あさはや}く起_おきる　早朝_{そうちよう}　早速_{さつそく}

漢字物語
日_ひの出_でを 表_{あらわ}すと覚_{おぼ}えましょう。
「早_{はや}い」は「時_{とき}がはやい」という意味_{いみ}で、「スピードがはやい」というときは「速_{はや}い」と書_かきます。

もっと知りたい漢字の話
「早_{そう}」は匙_{さじ}の 形_{かたち}を 表_{あらわ}し、「はやい」という言葉_{ことば}と発音_{はつおん}が同_{おな}じだったので「はやい」の意味_{いみ}で使_{つか}うようになったといわれています。

55

 一 十 艹 艹 芇 芇 苩 苩 草

ソウ

草
くさ

意味
くさ

用例
草が生える　草花　草原　薬草

漢字物語
「艹」（草）と発音を示す「早」（早い）を合わせた字です。
「草」をパーツとして使うときは、上に「艹」と書きます。

もっと知りたい漢字の話
むかしは「草」を「艸」（艹のもとの字）と書いていましたが、今は「草」と書きます。

56

 一 十 十 古 古 古 直 車 車 朝

チョウ

朝
あさ

意味
朝

用例
朝早く起きる　朝ごはん　朝食　早朝

漢字物語
空にまだ月が見える日の出のとき（早朝）を表します。

もっと知りたい漢字の話

57

っ　コ　尸　尺　尺　尽　昼　昼　昼

意味

ひる

用例

昼ごはん　昼休み　昼食

チュウ

昼

ひる

漢字物語

日（太陽）が出ている時を表します。「尺」は長さをはかるときの手の形です。

もっと知りたい漢字の話

古い漢字は「晝」と書いて、手にもった筆で、日（太陽）が出ている時を区切ることを表すとも言われますが、今は「昼」と書きます。

58

一　二　三　丰　夫　夫　表　春　春　春

意味

はる

用例

春と夏と秋と冬　春夏秋冬　春分の日

シュン

春

はる

漢字物語

両手（夫）を日（太陽）に当てている形です。暖かい「春」を表します。

もっと知りたい漢字の話

古い漢字は、春になってたくさん生える草（「艹」「屯」）と「日」（太陽）を合わせた字を書きましたが、今は「春」と書きます。

59

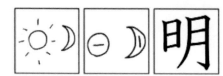

一 冂 冃 日 訂 明 明 明

メイ
ミョウ

明

あか（るい）
あ（ける）
あき（らか）

意味

あかるい

漢字物語

「日」と「月」を合わせて「あかるい」ことを表します。

用例

明るい部屋　夜が明ける　年が明ける
明らかな　明白な　明朝　明日

もっと知りたい漢字の話

古代から、「月」の左側に「日」ではなく、窓を表す字を書いた「朙」という字も使われていましたが、常用漢字では「明」を使います。

60

 月 夕

ノ ク 夕

セキ

夕

ゆう

意味

ゆうがた

漢字物語

夕方の薄く見える月を表します。

用例

夕方　夕食　夕日　一朝一夕にはできない

もっと知りたい漢字の話

夜の月と比べて、形や色がうすい夕方の月を表します。「外」や「名」のように、パーツとして使うときは、「月」（No.12）ではなく、「肉」（No.40）を表すことがあります。

61

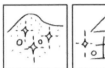

ノ　人　人　今　全　全　金　金

キン
コン

金

かね
かな

意味

きん　かね　きんぞく
金　お金　金属

漢字物語

つち　なか　きん　あらわ　おぼ
土の中の金を表すと覚えましょう。

用例

かね　そうきん　きん　とけい　きんようび　おうごん
お金　送金する　金の時計　金曜日　黄金

もっと知りたい漢字の話

「金」の古い漢字は、融けた銅などを流し込んだ
かたち　あらわ　　　　　　　こだい　　きん　せいどう
形を表すといわれています。古代、「金」は青銅
い　　　　　　　　　　　　　　　　　おうごん　あらわ
のことを言いましたが、のちに黄金を表すように
きん　こがね　ぎん　しろがね　どう　あかがね　てつ
なりました。金を黄金、銀を白金、銅を赤金、鉄を
くろがね　い
黒金とも言います。

62

、　ク　イ　行　行　行

コウ
ギョウ

行

い（く）
おこな（う）

意味

いく　おこなう

漢字物語

じゅうじろ　まじ　みち　かたち
十字路（交わる道）の形です。

用例

ぎんこう　い　きゅうこうでんしゃ　いちぎょうめ　だいがく　ぎょうじ
銀行へ行く　急行電車　一行目　大学の行事

もっと知りたい漢字の話

ひだりがわ　　　　　　　　　　　　てき
左側のパーツとして「イ」だけを使うことがあり
つか
ます。

63
（N2／3年）
3 行 41 列

 冰 氷　　　一 丁 丬 氷 氷

ヒョウ

氷

こおり

意味

こおり

用例

氷水　氷山　流氷　氷河

漢字物語

氷を表す「冫」と「水」を合わせて簡単にした略字です。

もっと知りたい漢字の話

もとは「冰」と書きました。パーツとして使うときは、「冷」や「凍」のように「冫」と書きますが、「冬」や「寒い」のように下に書く時は「、」を二つ書きます。

64
（N4／2年）
3 行 43 列

  冬　　　ノ ク タ 冬 冬

トウ

冬

ふゆ

意味

ふゆ

用例

冬休み　冬山　冬季オリンピック　冬眠する

漢字物語

糸の端（終わり）を結んだ形（夂）と「冫」を合わせた字です。「春夏秋冬」と並べて言うときの終わりの季節を表します。

もっと知りたい漢字の話

左側に「糸」を書くと「終」（No.193）になります。季節を並べて言うときは「春夏秋冬」と「冬」を終わりに言います。

ー ニ 千 禾 禾 禾 秒 秒 秋

シュウ

秋

あき

意味
あき

用例
秋の初め　初秋　秋分の日

漢字物語
稲を表す「禾」と「火」を合わせた字です。米がたくさん収穫できるように火を使った儀式を行いました。

もっと知りたい漢字の話
古い漢字は「禾」と「火」と「龜」を合わせて書きました。「龜」は亀で、祭りで占いの儀式に使ったのです。また、亀ではなくて害虫（いなご）の形を表し、害虫（いなご）を焼く儀式を行ったと考える人もいます。

 百 　ー 丆 丆 丆 百 百 百 頁 頁 夏 夏

カ
ゲ

夏

なつ

意味
なつ

用例
夏休み　初夏　夏至

漢字物語
夏祭りで、髪を整え（頁）、着飾って足（夂）をあげて舞う人を表します。秋の豊作を祈って舞うのです。

もっと知りたい漢字の話

67
(N5/1年)
7行23列

ノ ﾉﾆ ﾆ ﾆ 年

意味
とし

用例
年をとる　年寄り　今年　一年　来年

ネン

年
とし

漢字物語
「禾」と「人」を合わせた字で、稲（禾）をかぶって田植えの舞を舞う男の人（人）を表します。田植えの祭りは年に一度行われたので、「とし」の意味になりました。

もっと知りたい漢字の話
田植えの舞で、男の人に従って女の人が舞うのが「委」で、「したがう、まかせる」意味です。末の子が舞うのが「季」で、「季節」の意味になりました。

68
(N5/1年)
5行16列

ノ イ イ 什 休 休

意味
やすむ

用例
休み　休日　休校

キュウ

休
やす（む）

漢字物語
木の下で休む人をイメージしましょう。

もっと知りたい漢字の話
「休」のもとの意味は「よろこぶ」です。この「木」は、古い漢字（金文）では「禾」と書いて軍門を表します。それで「休」は、軍門の前で王が表彰式を行い、戦争で活躍した人に褒美をあげることを表します。褒美といっしょに休みがあたえられたので、「やすみ」の意味になりました。

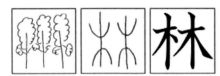

一 十 才 木 材 村 材 林

リン

林

はやし

意味

はやし

用例

林の中　竹林　山林

漢字物語

木を二つ並べて、木がたくさん並んで広がる「林」を表します。

もっと知りたい漢字の話

日本語の「はやし」は「生える、生やす」からきています。林の奥には神がいると信じられていて、人が入るのを「禁じた」のです。「禁」の「示」は祭壇の形で、神を表します。

一 十 才 木 森 森

シン

森

もり

意味

もり

用例

森の中　森林

漢字物語

木を三つ書いて、木が高く茂っている「森」を表します。

もっと知りたい漢字の話

森にも神がいると考えられていました。「杜」という字は、神社のある森を表します。

71
（N5／1年）
5行24列

一十才木本

ホン

本

もと

意味
もと（基本）　本
長いものを数える単位

漢字物語
木の根もとを表し、「もと」や「ほん」の意味があります。

用例
木の根本　日本　本を読む　一本、二本、三本

もっと知りたい漢字の話
むかしの本（冊 No.73）は、巻いて一本、二本と数えたので、「本」と言うようになりました。今は、本を一冊、二冊と数えます。また、「本」と反対の木の末端を表す字は、「末」です。

72
（N4／2年）
5行25列

人 本 体

ノイイ伫什休体

タイ
テイ

体

からだ

意味
からだ

漢字物語
人のもと（基本）を表します。

用例
体と心　肉体　車体　体育

もっと知りたい漢字の話
古い漢字は、「骨」と「豊」（ゆたか）を合わせて「體」と書きます。

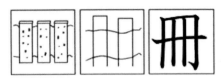

ーー门门m冊

サツ
サク

意味
本　〜冊

用例
一冊二冊　冊子　分冊

漢字物語
むかしの本は竹や木の札を糸でつないで作りました。その本の形を表します。

もっと知りたい漢字の話
むかしの本は、竹や木で細長い札をつくって、糸でつないだのです。竹の札を竹簡、木の札を木簡といいます。「本」（No.71）を見てください。

一一一一一一百百車東東

トウ

ひがし

意味
ひがし

用例
東と西　東西　東京　東北地方

漢字物語
両端を結ぶ袋の形を表します。方向の「ひがし」と発音が同じだったので、「ひがし」の意味で使うようになりました。

もっと知りたい漢字の話
「東」には「両端を結んで固定する」というイメージがあります。「凍る」や家の「棟」などのパーツとして使っています。

75

ノ イ 白 白 白

ハク
ビャク

白

しろ（い）

意味

しろい

用例

しろ　はくばん　はくしょく
白い　白板　白色

漢字物語

あたま　ほね　かたち　あらわ
頭の骨の形を表します。骨の色が白
いろ しろ
いので、「しろい」の意味になりました。
いみ

もっと知りたい漢字の話

いだい　おう　つよ　てき　あたま　ほね　ずがいこつ　かみ　ちから
偉大な王や強い敵の頭の骨（頭蓋骨）は神の力が
しん　たいせつ　まつ
あると信じられて大切にされました。祭りなどで
かみ　ちから
も神の力をもらうために使われました。それで、
そんけい　きも　はく　がはく　つか
尊敬の気持ちで「伯」（画伯など）を使います。

76

一 ア ア 百 百 百

ヒャク

百

意味

ひゃく

用例

ひゃくにん　さんびゃく
百人　三百

漢字物語

はく　なら　かたち　よこせん
「白」がたくさん並んだ形です。横線で
いみ　あらわ　よ　かた
「たくさん」の意味を表します。読み方
はく　すこ　へんか
は「白」が少し変化しました。

もっと知りたい漢字の話

77
(N5／1年)
6行26列

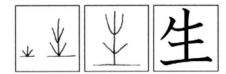

ノ ヒ ヒ 牛 生

セイ
ショウ

生

い（きる）
う（まれる）
は（える）
なま

意味

うまれる　いきる　なま

用例

生まれる　生きる　草が生える　生卵　先生_{せんせい}
学生_{がくせい}

漢字物語

生えた草_{くさ}の形_{かたち}を表_{あらわ}します。「生える、生_はまれる、生きる、生_{なま}たまご」など、訓読_{くんよ}みがたくさんあります。

もっと知りたい漢字の話

78
(N4／1年)
6行32列

一 十 丰 圭 丰 青 青 青

セイ
ショウ

青

あお（い）

意味

あおい　未熟_{みじゅく}

用例

青_{あお}い空_{そら}　青_{あお}いリンゴ　青年_{せいねん}

漢字物語

もとは「生」（草_{くさ}）と「丹_{たん}」（赤_{あか}い色_{いろ}や青_{あお}い色_{いろ}の染料_{せんりょう}をとる井戸_{いど}の形_{かたち}）を合_あわせた字_じです。音読_{おんよ}みは「生」と同_{おな}じです。

もっと知りたい漢字の話

青_{あお}い色_{いろ}は青丹_{せいたん}、赤_{あか}い色_{いろ}は朱丹_{しゅたん}という鉱物_{こうぶつ}からとりました。また、「青_{あお}い草_{くさ}」や「青_{あお}いみかん」などのように緑色_{みどりいろ}も「青_{あお}い」と言_いうことがあります。

79
（N5／2年）
53 行 13 列

一 十 **南** 内 内 **南** 南 南 南

意味
みなみ

用例
南と北　南北　南国　南部

ナン

南

みなみ

漢字物語
　「南」は「ナン」という楽器の形を表します。「ナン」は釣り鐘型の銅の太鼓（片面だけの太鼓）です。方角の「みなみ」と発音が同じだったので、「南」の意味で使うようになりました。

もっと知りたい漢字の話
　「ナン」は武漢の南の方にいた苗族の楽器でした。それで、「みなみ」の意味で使うようになったとも言われています。

80
（N5／2年）
20 行 27 列

一 丨 ナ 北 北

意味
北

用例
北半球　南と北　北風　東北　北海道

ホク

北

きた

漢字物語
　二人が背中を向け合った形です。下に「月」（肉）を書くと「背」になります。儀式のとき太陽と同じ南側に王が座ったので、みんなの背中を向けた方向は「北」だったのです。

もっと知りたい漢字の話
　戦いで負けたとき、背中を向けて逃げるので、「負ける」ことを「敗北」といいます。

45

一 ナ ナ ナヒ 北 北 背 背 背

ハイ

背

せ
せい
そむ（く）

意味

せなか　せ　そむく

漢字物語

二人が背中を向け合った字を「北」の
意味に使ったので、その下に「月」（肉）
を加えて作りました。
訓読みの「そむく」は、人に背中を向け
る（反対する）ことを表します。

用例

背が高い　背中　父に背く　背泳　背任

もっと知りたい漢字の話

一 丆 丆 丙 西 西

セイ
サイ

西

にし

意味

にし

漢字物語

鳥の巣の形を表します。
発音が同じだったので、方向の「にし」
の意味で使うようになりました。
日が西に沈む夕方、鳥が帰る巣のイメー
ジもできます。

用例

西の空　東西南北　関西　西洋　北西

もっと知りたい漢字の話

83
（N3／3年）
39 行 17 列

丶 冂 冈 曲 曲 曲

キョク

曲

ま（がる）

意味

まがる　まげる　音楽の曲

用例

右に曲がる　竹を曲げる　曲線　作曲家
名曲

漢字物語

割った竹などを曲げて作った籠の形です。

もっと知りたい漢字の話

音を曲げて音楽を作るのが「作曲」です。

84
（N4／2年）
14 行 1 列

丶 冂 皿 皿 皿 胃 胃 買 買

バイ

買

か（う）

意味

かう

用例

果物を買う　買い物をする　家を売買する

漢字物語

買った物を入れる網（网）とお金（貝）を合わせて「買い物」を表します。

もっと知りたい漢字の話

「売る」（No.262）も見てください。

フ ヲ ヲ 羽 羽 羽 羽 習 習 習

シュウ

習

なら（う）

意味

ならう

用例

習う 学習する 予習する 復習する

漢字物語

祈りの力を強くするために、祈りを入れた器（「曰」が「白」に変形）を羽でくり返しなでることを表します。前にしたことを同じようにくり返すのが「習う」ことで「習慣」なのです。

もっと知りたい漢字の話

「習」は、今は「白」（頭の骨）と書きますが、もとは「曰」（祈りの言葉を入れた器）と書きました。むかし、シャーマン（魔術師）は祈りの力を増すために、鳥の羽や動物の血や刀や弓矢などを使いました。祈りの力を増すために、くり返し羽でなでることを「摺る」といいます。

一 ナ 大

ダイ
タイ

大

おお（きい）

意味

おおきい

用例

大きい家 大声 大学 大臣 大使館 大西洋
第二次世界大戦

漢字物語

手と足を大きく広げて寝ている人の形です。

もっと知りたい漢字の話

「手と足を大きく広げて」＝「大の字になって」

```
丶 亠 广 广 产 夜 夜 夜
```

ヤ

夜

よる
よ

意味
夜

用例
昼と夜　月夜　夜中の二時　深夜　夜行バス

漢字物語
「大」（手や足を広げて寝た人の形）の変形と「月」を合わせた字で、「よる」を表します。

もっと知りたい漢字の話

```
丶 亠 ナ 立 立
```

リツ

立

た（つ）

意味
たつ

用例
人が立つ　子供の立場に立って考える
国立病院　私立大学

漢字物語
「大」の下に土地を表す「一」を書いて、人が立つ形を表します。

もっと知りたい漢字の話
儀式などで立つ「位置」は、その人の「位」を表しました。「位」という字はそのことを表しています。

89
（N3／2年）
17 行 28 列

一 ナ 大 太

意味
ふとい

用例
太いロープ　太っている　太陽　太平洋

タイ
タ

漢字物語
「大」のお腹に「丶」を書いて、太いお腹を表します。

もっと知りたい漢字の話
「太」は「丶」で「大」の字を重ねることを表すという説もあります。

太

ふと（い）

90
（N5／1年）
17 行 36 列

一 二 チ 天

意味
そら　神

用例
天の川　天気　晴天　雨天　天国

テン

漢字物語
「大」の頭の上に「一」を書いて、頭の上にある「そら」を表します。

もっと知りたい漢字の話
「そら」には神が住んでいると考えられていたので、「天」は「神」の意味もあります。

天

あめ
あま

91
(N5／1 年)
15 行 16 列

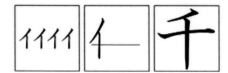

ィィィィ　イ　千　　一 二 千

意味

1000

用例

千代田区　千円　三千

セン

千

ち

漢字物語

「イ」と横線で、人（イ）がたくさんいることを表しました。

もっと知りたい漢字の話

92
(N5／2 年)
59 行 25 列

 卍 万　　一 フ 万

意味

10000　すべて（ぜんぶ）

用例

一万円　　万一〜だったら
スポーツ万能　　万国博覧会

マン
バン

万

漢字物語

「たくさん、ぜんぶ」という意味で、数の 10000 にも使います。「万」は回転する「十」を表す「卍」からつくったと考えられています。

もっと知りたい漢字の話

もとは「サソリ」を表す「萬」と書きましたが、今は「万」を使います。

51

93
(N4/2年)
16行18列

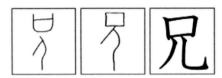

ケイ
キョウ

兄

あに

意味

あに（おにいさん）

用例

兄と弟　兄弟　長兄　お兄さん

漢字物語

祈りの言葉を入れる器（口）を高く捧げて、神を祭り、儀式を行う人（儿）を表します。神を祭るのは、その家の長男が行ったので、「あに」の意味になりました。

もっと知りたい漢字の話

「祝」（祝う）にも、この「兄」が使われています。

94
(N5/2年)
22行18列

　乚 乄 乄 母 母

ボ

はは

意味

はは　おかあさん

用例

父と母　父母　母親　母校　母語　お母さん

漢字物語

「女」に乳房を表す「ヽ」を二つつけて「おかあさん」を表します。

もっと知りたい漢字の話

ノ ヒ ヒ 与 毎 毎

意味

いつも

用例

毎年　毎朝　毎日　毎週

マイ

毎

漢字物語

毎日、きれいに髪を飾って神の世話をする母の姿を表します。それで、「いつも」の意味になりました。

もっと知りたい漢字の話

「母」（特に一番目の夫人）は、いつも髪や服を整えて、その家の神の世話をしました。

丶 冫 氵 氵 汒 汒 海 海 海

意味

うみ

用例

山と海　日本海　海水　北海道

カイ

漢字物語

いつも（毎）水（氵）がある「海」と覚えましょう。

もっと知りたい漢字の話

豊かに結い上げた「母」の黒い髪のイメージから、「毎」には「黒」のイメージもあります。「海」は深くて未知の暗黒の水の世界を表します。

うみ

ノ ナ オ 右 右

ウ
ユウ

右

みぎ

意味

みぎ

用例

右手　右に曲がる　右折する　左右をよく見る

漢字物語

儀式や祭りのとき、「口」（祈りの言葉を入れる器）を持つ「又」（右手）を表します。「又」の形が少し変化しました。

もっと知りたい漢字の話

「有」（No.319）や「友」（No.103）なども「右」と同じように「又」が少し変形しています。

ノ ク タ タ 名 名

メイ
ミョウ

名

な

意味

なまえ

用例

名前　氏名　有名な人　本名

漢字物語

生まれた子どもに名前をつける儀式を表します。
廟（先祖を祭った神社）に、「タ」（肉）と「口」（祈りの言葉を入れる器）を供えて、子どもに名前をつけたのです。

もっと知りたい漢字の話

名前をつける儀式で与えられる文字が「字」です。子供が生まれて三か月たつと幼名がつけられ、ある程度成長してから正式に命名の儀式が行われ実名が与えられました。実名は神に与えられたその人の本質と考えられていたため秘密にされ、その代わりに、日常使う通名がつけられました。幼名や通名を「字」と言います。

99
(N3/6年)
39行43列

一 十 艹 艹 苎 芋 若 若

ジャク
ニャク

若

わか（い）

意味
若い

用例
若い　若者

漢字物語
少し変形していますが、髪飾りをつけた
巫女が、「口」（祈りを入れる器）をも
って神に祈る形です。巫女はほとんど
若い女性だったので、「わかい」の意味に
なりました。

もっと知りたい漢字の話

100
(N5/2年)
28行19列

ノ ハ グ 父

フ

父

ちち

意味
父　お父さん

用例
父親　父母　祖父　お父さん

漢字物語
右手（又）に斧を持つ形です。
「父」は家族のリーダーで、斧を持って
儀式をしました。斧にも神の力がある
と信じられていました。

もっと知りたい漢字の話
「父」が持つ斧は、儀式用の斧（斤）で指揮権の
シンボルでした。それを手に持って儀式を行う人
は家族を指揮する「父」だったのです。

101

(N4／2年)

50 行 32 列

コウ

工

 一 丁 工

意味

ものをつくる　技術者（ぎじゅつしゃ）　（祭具）（さいぐ）

漢字物語

工具（こうぐ）（鍛冶屋（かじや）のたたき台（だい））の形（かたち）を表（あらわ）します。

用例

工業（こうぎょう）　工事（こうじ）　工学部（こうがくぶ）　工場（こうじょう）　工夫（くふう）　大工（だいく）

もっと知りたい漢字の話

「工」は神を祭る儀式（ぎしき）で、左手（ひだりて）に持（も）つ祭具（さいぐ）としても使（つか）われました。巫女（みこ）を表（あらわ）す「巫」にもパーツとして使われています。「口」は祝いの儀式、「工」は呪（のろ）いの儀式（ぎしき）などで使（つか）われました。

102

(N5／1年)

29 行 11 列

サ

左

ひだり

 一 ナ ナ 左 左

意味

ひだり

漢字物語

左手（ひだりて）と「工」で「左」（ひだり）を表（あらわ）します。神を祭る儀式（かみまつぎしき）では、左手（ひだりて）に「工」を持（も）って神に祈（いの）りました。

用例

左手（ひだりて）　道（みち）の左側（ひだりがわ）を走（はし）る　左折（させつ）する（左（ひだり）に曲（ま）がる）

もっと知りたい漢字の話

神を祭る儀式（かみまつぎしき）では、巫女（みこ）が「右」（みぎ）や「左」（ひだり）から補助（ほじょ）したので、「助（たす）ける」意味（いみ）の「佑」（ゆう）や「佐」（さ）ができました。また、「左」（ひだり）の下（した）に「右」（みぎ）を逆（さか）さまに重（かさ）ねて、「尋」（じん）（たずねる）もできました。「ヨ」も「寸」（すん）も手（て）を表（あらわ）します。

103
(N5／2年)
26 行 28 列

 叉 友 一ナ方友

意味
ともだち

用例
友だち　友人　親友

ユウ

友

とも

漢字物語
「又」(右手) と「又」(右手) を重ねた
形です。読み方は「右」と同じ「ユウ」
です。

もっと知りたい漢字の話

104
(N2／2年)
29 行 47 列

 㞒 寺 一十土圭寺寺

意味
てら

用例
お寺　寺院

ジ

寺

てら

漢字物語
もとは「止／之」(足) と「寸」(手) を
合わせた字です。もとは「持つ」という
意味で、「止／之」は読み方を表します。
今は「お寺」の意味で使い、「止／之」
を「土」と書きます。

もっと知りたい漢字の話
もとの「持つ、保持する」という意味が「書類な
どを保持する宮中で働く人」(侍者) の意味に
変化し、漢の時代からは「役所」の意味になりま
した。そして外国の使節を世話する「役所」だっ
た鴻臚寺が、インドから来た仏教僧の宿舎にな
ったので、「お寺」の意味になりました。「もつ」
は「扌」(手) を加えて「持」(No.361)、「宮中で
働く人」は「侍」と書きます。

 時

一 ∏ 日 日 旷 旷 旷 時 時

意味
とき　じかん

用例
<small>ときどき</small>時々　<small>とけい</small>時計　<small>じかん</small>時間　<small>じだい</small>時代　<small>どうじ</small>同時に

ジ

時

とき

漢字物語
「日」（太陽）によって仕事を始めたり終
えたりしました。そして、「役所」や「寺」
が行事などの「時」を決めたり、「時」
を知らせたりしたのです。夕方、鐘を鳴
らして「時」を知らせるお寺をイメージ
してください。

もっと知りたい漢字の話
古い漢字は、「止」（足）の下に「日」を書いてい
ました。「日が行く」、つまり「過ぎて行く日」を表
したのです。のちに「日」と「寺」を書くように
なりました。

一 二 千 千 禾 禾 私 私

意味
わたくし（わたし）　<small>じぶん</small>自分

用例
<small>わたし／わたくし</small>私　の家　<small>しゆうち</small>私有地　<small>しりつだいがく</small>私立大学　<small>しひりゅうがく</small>私費留学

シ

私

わたくし
わたし

漢字物語
<small>いね</small>稲（米）を<small>うで</small>腕などで<small>かこ</small>囲って、私のもの
にする（<small>しゆう</small>私有する）形と覚えましょう。

もっと知りたい漢字の話
「私」は「禾」（稲）と「ム」（耜）を合わせて「耕作
する農業の奴隷」を表すと考えられています。
その奴隷を領主が「私有」していたので、「わた
くし」の意味になり、領主を「公」（No.107）と
いったのです。「ム」は「肱」を表すものと農具
の「耜」を表すものがあります。

107
（N4／2年）
35 行 40 列

ノ ハ公公

コウ

公

おおやけ

意味

おおやけ

用例

情報を 公 にする 公開する 公園 公害
公平に分ける

漢字物語

「 私 」（ム）のものを「分ける」（八）
ことと覚えましょう。

もっと知りたい漢字の話

古い漢字では「ム」と「八」ではなく「口」の上に
「｜｜」.を書いた 形 なので、「公」は左右に障壁
を立てて儀式を行う式場の形を表すと考え
られています。儀式で祭られる領主などを「公」
といったのです。

108
（N4／2年）
33 行 21 列

丶 丷 宀 宀 宇 宇 穼 家 家

カ
ケ

家

いえ
や

意味

いえ

用例

家 家族 家内 天皇家
アパートの大家

漢字物語

廟 （先祖を祭った神社）の屋根の 形
（宀）と神に捧げる動物（豕）を合わせ
た字で、廟を表します。のちに、「家族」
や家族が住む「いえ」の意味になりまし
た。

もっと知りたい漢字の話

「宀」は上部のパーツとして使います。屋根の 形
で、家を表しますが、とくに、神を祭り儀式を行
う 廟 （神社）を表します。「豕」は豚ですが、古
い漢字では「豕」ではなく「犬」を書きました。
「家」を建てるとき、地鎮祭を行い、土地の神に
「犬」を捧げて埋めたのです。今は「犬」ではな
く「豕」を書きます。

109

丶 丷 宀 穴 穴

意味
あな

用例
深い穴　東京の穴場を知っている　墓穴をほる

ケツ

あな

漢字物語
崖などに掘った横穴を表します。

もっと知りたい漢字の話
中国の黄土地帯では、崖などに横穴を掘って地下室を作り、神を祭ったり、人が住んだりしました。「穴」はその入口を表します。

110

丶 丷 宀 宀 穴 窃 窓 窓 窓

意味
まど

用例
窓　三番窓口　同窓会

ソウ

まど

漢字物語
家の窓の形と「心」を合わせた字です。

もっと知りたい漢字の話
古い漢字は、「窗」（家の窓）と「心」を書きましたが、今は「窓」と書きます。窓は、家の中に光とともに神が入ってくる所と考えられていました。「心」は神を迎える心を表します。

111
(N4／2年)
34 行 3 列

、 亠 广 広 広

コウ

広

ひろ（い）

意味
ひろい

用例
広い 広場 広告 広大な土地

漢字物語
「广」（家）と「厷」（ひじ）の「宏」から作った新しい漢字です。

もっと知りたい漢字の話
「広」の古い漢字は「廣」です。「宏」も「廣」も「ひろい」という意味です。「广」は長く突き出た軒などを表し、「黄」は「黄」（No.415）の古い漢字で「きいろ」の意味です。

112
(N4／2年)
31 行 28 列

| ト ト 止

シ

止

と（まる）

意味
とまる やめる

用例
車が止まる 中止する 禁止する

漢字物語
足の形を表します。意味は「止まる」ですが、パーツで使われるときは「行く」や「足」の意味にもなります。

もっと知りたい漢字の話
「足」や「走る」の下のパーツに「止」が使われています。

113
（N4／1年）
31 行 36 列

 足　ロ 尸 尸 足 足

意味
あし　たりる　たす

用例
長い足　大きい足　足りる　3に2を足す　不足
満足　靴下一足

ソク

足

あし
た（りる）
た（す）

漢字物語
膝から下の足の形です。

もっと知りたい漢字の話
「足す」という意味は、足が体の下側に付け足した部分だから生じたという説などがあります。

114
（N5／1年）
32 行 24 列

 止 先　ノ 一 ㇏ 生 歩 先

意味
さき　まえ

用例
百メートル先に店がある　先月　先週
「お先にどうぞ」　先生　先進国

セン

先

さき

漢字物語
上のパーツは「止」（足）の変形で、「儿」（人）と合わせて「前へ行く」ことを表します。

もっと知りたい漢字の話
「先」には「先週、先月、先ほど」など「以前」の意味も、「百年先、先のこと」など「これから（未来）」の意味もあります。

115
(N3/6年)
32 行 25 列

 洗

シ ジ シ 汁 汁 汫 洗

セン

洗

あら（う）

意味
あらう

用例
手を洗う　洗面所　洗車　洗顔　洗濯

漢字物語
「水」と「先」で、旅行から帰って、足を洗うことを表しています。

もっと知りたい漢字の話
昔は、自分の町や村（自分の神の領域）を出て、旅行すると、他の土地の悪い霊が足や体につくと考えられていました。それで、帰ったときに足を洗って、悪い霊をとった（清めた）のです。

116
(N4/1年)
52 行 8 列

  力

フ カ

リョク
リキ

力

ちから

意味
ちから

用例
力が強い　体力　努力　力士　力学

漢字物語
耒（耜）の形を表します。耒で田を耕す仕事は、力が必要な力仕事だったので、「ちから」の意味になりました。

もっと知りたい漢字の話
「耒」は「又」（手）と「力」を合わせた字です。ほかにも「耜」や「耡」も「すき」と読みます。「耕す」にも「耒」がパーツでありますね。耒（力）は農業の儀式にもよく使われました。

117
（N5／1年）
52行12列

ダン
ナン

男

おとこ

意味
おとこ

漢字物語
「田」と「力」（耒）で、農耕をして田を管理する男の人を表します。のちにふつうの「おとこ」の意味で使うようになりました。

用例
男の子　男子　男女　男性　長男　次男

もっと知りたい漢字の話
「士」も「おとこ」を表しますが、戦士の男という意味です。

118
（N5／1年）
34行16列

ガク

学

まな（ぶ）

意味
まなぶ

漢字物語
学校の屋根と「子」を合わせた字で、学校で子どもが「まなぶ」ことを表します。

用例
学ぶ　学習する　大学　学生　留学

もっと知りたい漢字の話
古い漢字は「學」です。日本の神社にも、千木造りの神殿（屋根の上に、角のように木が交差して突き出た建物）があります。「学」の甲骨文字はその建物を表し、金文はそこで「まなぶ」子どもと世話をする両手を加えています。千木造りの神殿に一族の男の子を集めて、伝統や儀式の習慣を学ばせたのが「学校」の始まりです。

119
(N5／1年)
24 行 40 列

丨 冂 目 貝 見

ケン

見

み（る）

意味
みる　考え

用例
映画を見る　工場を見学する　京都を見物する
意見を言う

漢字物語
「目」と「人」で、「みる」ことを表します。

もっと知りたい漢字の話
「視」も「みる」ですが、とくに「神を見る」ことを表しました。

120
(N3／4年)
34 行 18 列

丶 丷 丷 丷 学 学 学 覚 覚 覚

カク

覚

おぼ（える）
さ（める）

意味
おぼえる　目がさめる　気がつく

用例
漢字を覚える　目が覚める　感覚　視覚　聴覚

漢字物語
学んで、見て、「おぼえる」のです。

もっと知りたい漢字の話
古い漢字は「覺」です。上のパーツは「学（學）」と同じです。
学校で、はじめて見て「めざめる」、見たことを「さとる（理解する）」そして「覚える」のです。

65

、 ー ナ ナ 亡 亡 亡 亡 高 高 高 高

意味

たかい

用例

高い山　値段が高い　高い音　高校　高速道路

コウ

高

たか（い）

漢字物語

城市（城壁で囲まれた都市）の門で、上に高い建物が建っている門を 表します。

もっと知りたい漢字の話

　昔の中国の都市は城壁に囲まれた城市でした。城市には出入り口の城門がありました。城門の上には、敵を早く発見するために、望楼という高い建物が建てられました。また、城門には、外から悪い霊が入らないように、祈りの文を入れた器（口）が供えられました。そのような城門が「高」なのです。

、 ー ナ 亠 古 古 亨 京 京

意味

みやこ（首都）

用例

京都　東京　京阪神（京都と大阪と神戸）
京浜（東京と横浜）

キョウ
ケイ

京

漢字物語

望楼（高い建物）のある城門の形を表します。城門は城市のシンボルで、城市はたいてい「みやこ（首都）」だったので、「みやこ」の意味になりました。

もっと知りたい漢字の話

123
（N3/1年）
2行22列

一 フ ィ 石 石

セキ
シャク
コク

石

いし

意味
いし
石

用例
こいし　ほうせき　じしゃく
小石　宝石　磁石

漢字物語
「厂」（崖）と「口」（祈りの文を入れた
かん　がけ　さい　いの　ぶん　い
器）で、崖にある神の石（岩）を表し
うつわ　がけ　かみ　いし　いわ　あらわ
ます。

もっと知りたい漢字の話
木と同じように、大きい石にも神がいると考え
られ、祭られました。
まつ

124
（N2/5年）
2行16列

一 厂 厂 厈 厈 厚 厚 厚

コウ

厚

あつ（い）

意味
あつ
厚い

用例
あつ　ほん　おんこう　ひと
厚い本　温厚な人

漢字物語
「厂」（崖）と「㫗」（「高」のさかさま）
かん　がけ　こう　こう
を合わせて、崖の地層が厚いことを表
あ　がけ　ちそう　あつ　あらわ
します。

もっと知りたい漢字の話
廟（厂）で神に酒を供え（㫗）て、手厚く祭るこ
びょう　かみ　さけ　そな　こう　てあつ　まつ
とを表し、もとは「手厚い」の意味だったという
あらわ　てあつ　いみ
説もあります。
せつ

125
（N5／2年）
36 行 11 列

丨 冂 冂 冂 冋 門 門 門 門 間

カン
ケン

間

あいだ
ま

意味
あいだ　時間　部屋

用例
家と家との間　居間　昼間　仲間　時間
一週間　年間　人間

漢字物語
もとは「門」の間に「月」（肉）を書き
ました。神殿の門の前（門と自分との
間）に肉（月）を供えて、祈ることを表
します。いまは「月」ではなく「日」を
書きます。

もっと知りたい漢字の話

126
（N4／3年）
36 行 5 列

丨 冂 冂 冋 冋 門 門 門 問

モン

問

と（う）

意味
問う　問題

用例
問う　質問　問題

漢字物語
神殿の「門」に「口」（祈りの文を入れ
た器）を供えて祈り、神に「問う（質問
する）」ことを表します。

もっと知りたい漢字の話

127
(N5/2年)
36行4列

丨 冂 冂 冂 門 門 門 門 門 聞 聞

意味

きく　きこえる

用例

聞く　新聞

ブン
モン

聞

き（く）

漢字物語

神に問うたあとで、神殿の「門」に「耳」を近づけて神の声（返事）を「聞く」ことを表します。

もっと知りたい漢字の話

128
(N3/4年)
36行8列

丨 冂 冂 冂 門 門 門 閂 関 関

意味

関　門を閉める　関係

用例

関所　税関　玄関　関係

カン

せき

漢字物語

「門」と閂（門に鍵をかける横木）の形を合わせた字で、門を閉めて鍵をかけることを表します。

もっと知りたい漢字の話

昔は道の重要な所に門をつくって、通る人をチェックしました。その門を「関」といいます。「関」を通って交流が行われ、「関係」ができたのです。

リ アア ア 月 門 門 門 開 開

意味
ひらく　始める

用例
本を開く　戸を開ける　開会式　開店　開始する

カイ

開

ひら（く）
あ（ける）

漢字物語
「門」と「一」（門の横木）と「廾」
（両手）で、門の閂を両手で「開けて」、
門を「開く」ことを表します。

もっと知りたい漢字の話

一 ナ 才

意味
才能　〜歳

用例
才能　秀才　天才　英才教育　十五才

サイ

才

漢字物語
神聖な場所を示す標木（目印の木）の
形です。「歳」と読み方が同じなので、
「歳」の略字として使うようになりまし
た。

もっと知りたい漢字の話
「才」のもとの意味は「神聖なものとして存在す
る（ある）」です。神から授かって、生まれつき存在
する（ある）のが「才能」です。

131
(N3 / 5年)
51 行 10 列

｜ 冂 冂 月 目 貝 貝 貝 財 財

意味
宝　たくさんのお金

用例
財布　財産　財宝

ザイ
サイ

財

漢字物語
「貝」（お金）と「才」（神聖な目印）を合わせて、神に供える財宝（お金や宝物）を表します。「才」は読み方も表します。

もっと知りたい漢字の話
「財」は財宝、「材」は材木を表します。

132
(N3 / 6年)
36 行 7 列

｜ 冂 冂 冂 冃 門 門 門 閉 閉

意味
しめる　終わる

用例
ドアを閉める　目を閉じる　閉店　閉館　閉会式

ヘイ

閉

し（める）
と（じる）

漢字物語
儀式を行い、神聖な標木（才）を門に立てて閉め、悪霊などの出入りを封じることを表します。

もっと知りたい漢字の話

133
(N2／2年)
36 行 18 列

一 ラ ヨ 戸

意味
と　いえ
戸　家

用例
と　し　　いっこだ　いえ　こせき
戸を閉める　一戸建ての家　戸籍

コ

戸

と

漢字物語
もん　ひだりがわ　とびら　　　あらわ
「門」の左側の扉（ドア）を表します。

もっと知りたい漢字の話

134
(N3／3年)
36 行 19 列

一 ラ ラ 戸 戸 所 所 所

意味
ところ（場所）

用例
だいどころ　す　　　　ところ　じゅうしょ　ばしょ　きんじょ
台所　住んでいる所　住所　場所　近所
しゃくしょ
市役所

ショ

ところ

漢字物語
しんでん　と　まえ　おの　きん　お　　　せんぞ
神殿の戸の前に斧（斤）を置いて、先祖
れい　まも　　　　　しんせい　　ところ
の霊を守りました。その神聖な「所」
あらわ　　おの　きん　かたな　ゆみや　おな
を表します。斧（斤）も刀や弓矢と同
じように霊力（神の力）があると信じ
られていました。

もっと知りたい漢字の話

72

135
(N4/2年)
46 行 36 列

丶丿厂斤斤斤近近

キン

近

ちか（い）

意味
ちかい

用例
<ruby>近<rt>ちか</rt></ruby>い <ruby>近道<rt>ちかみち</rt></ruby> <ruby>近所<rt>きんじょ</rt></ruby> <ruby>付近<rt>ふきん</rt></ruby> <ruby>最近<rt>さいきん</rt></ruby>

漢字物語
<ruby>王<rt>おう</rt></ruby>の<ruby>直轄地<rt>ちょっかつち</rt></ruby>で、<ruby>都<rt>みやこ</rt></ruby>から<ruby>近<rt>ちか</rt></ruby>い<ruby>所<rt>ところ</rt></ruby>へ<ruby>行<rt>い</rt></ruby>く<ruby>時<rt>とき</rt></ruby>は、<ruby>斧<rt>おの</rt></ruby>（斤）に<ruby>足<rt>あし</rt></ruby>を<ruby>触<rt>ふ</rt></ruby>れる<ruby>儀式<rt>ぎしき</rt></ruby>を<ruby>行<rt>おこな</rt></ruby>って<ruby>出発<rt>しゅっぱつ</rt></ruby>しました。<ruby>旅行中<rt>りょこうちゅう</rt></ruby>、<ruby>悪<rt>わる</rt></ruby>い<ruby>霊<rt>れい</rt></ruby>がついて<ruby>事故<rt>じこ</rt></ruby>などが<ruby>起<rt>お</rt></ruby>きないように<ruby>清<rt>きよ</rt></ruby>めたのです。

もっと知りたい漢字の話
<ruby>遠<rt>とお</rt></ruby>い<ruby>所<rt>ところ</rt></ruby>へ<ruby>旅行<rt>りょこう</rt></ruby>するときは、もっと<ruby>霊力<rt>れいりょく</rt></ruby>の<ruby>強<rt>つよ</rt></ruby>い<ruby>鉞<rt>まさかり</rt></ruby>（王）に<ruby>足<rt>あし</rt></ruby>を<ruby>触<rt>ふ</rt></ruby>れる<ruby>儀式<rt>ぎしき</rt></ruby>を<ruby>行<rt>おこな</rt></ruby>いました。それが「往」です。「往」の<ruby>右側<rt>みぎがわ</rt></ruby>のパーツの「<ruby>主<rt>しゅ</rt></ruby>」は「<ruby>王<rt>おう</rt></ruby>」が<ruby>誤<rt>あやま</rt></ruby>って<ruby>伝<rt>つた</rt></ruby>えられたのです。

136
(N2/常用)
48 行 2 列

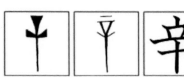

丶亠ソ立立辛辛

シン

辛

から（い）

意味
からい つらい

用例
<ruby>辛<rt>から</rt></ruby>いカレー <ruby>香辛料<rt>こうしんりょう</rt></ruby>

漢字物語
<ruby>入<rt>い</rt></ruby>れ<ruby>墨<rt>ずみ</rt></ruby>をする<ruby>針<rt>はり</rt></ruby>の<ruby>形<rt>かたち</rt></ruby>を<ruby>表<rt>あらわ</rt></ruby>します。<ruby>入<rt>い</rt></ruby>れ<ruby>墨<rt>ずみ</rt></ruby>をされるときの<ruby>痛<rt>いた</rt></ruby>さが「つらい」、<ruby>痛<rt>いた</rt></ruby>いと<ruby>感<rt>かん</rt></ruby>じるような<ruby>味<rt>あじ</rt></ruby>が「からい」です。

もっと知りたい漢字の話
<ruby>入<rt>い</rt></ruby>れ<ruby>墨<rt>ずみ</rt></ruby>も<ruby>神<rt>かみ</rt></ruby>を<ruby>祭<rt>まつ</rt></ruby>る<ruby>儀式<rt>ぎしき</rt></ruby>で<ruby>行<rt>おこな</rt></ruby>われることが<ruby>多<rt>おお</rt></ruby>く、<ruby>入<rt>い</rt></ruby>れ<ruby>墨用<rt>ずみよう</rt></ruby>の<ruby>針<rt>はり</rt></ruby>（辛）も<ruby>儀式<rt>ぎしき</rt></ruby>でよく<ruby>使<rt>つか</rt></ruby>われました。<ruby>祈<rt>いの</rt></ruby>りの<ruby>文<rt>ぶん</rt></ruby>を<ruby>入<rt>い</rt></ruby>れる<ruby>器<rt>うつわ</rt></ruby>（口）の<ruby>上<rt>うえ</rt></ruby>に「辛」を<ruby>置<rt>お</rt></ruby>いて<ruby>神<rt>かみ</rt></ruby>に<ruby>誓<rt>ちか</rt></ruby>う<ruby>言葉<rt>ことば</rt></ruby>が「言」で、<ruby>額<rt>ひたい</rt></ruby>に<ruby>入<rt>い</rt></ruby>れ<ruby>墨<rt>ずみ</rt></ruby>をされて<ruby>神<rt>かみ</rt></ruby>に<ruby>捧<rt>ささ</rt></ruby>げられた<ruby>女性<rt>じょせい</rt></ruby>が「<ruby>妾<rt>しょう</rt></ruby>」なのです。

```
丶 二 亠 言 言
```

意味
いう　ことば

用例
言う　言葉　言語　方言

ゲン
ゴン

言

い（う）
こと

漢字物語
「辛」（入れ墨の針）と「口」（祈りの文を入れる器）を合わせた字です。神に祈って誓い、その誓いを破ったり、嘘を言ったりすると、入れ墨の刑罰を受けたのです。「言」は、神に誓いの言葉を言うことを表します。

もっと知りたい漢字の話

```
丶 亠 亠 立 立 辛 亲 亲 新 新
```

意味
あたらしい

用例
新しい車　新車　新聞　新年　新潟県

シン

あたら（しい）
あら（た）
にい

漢字物語
亡くなった親の位牌を作る木を選ぶのに、入れ墨用の針（辛）を使いました。神に祈り、「辛」を刺して木を選び、その木を斧（斤）で切って、新しい位牌を作りました。それを表す字が「新」です。

もっと知りたい漢字の話
「あたらしい」は「あらたし」を間違えてできた言葉です。

` 一 亠 立 立 辛 亲 亲 亲 親

意味
親　親しい

用例
母親　父親　親しい　両親

シン

親

おや
した（しい）

漢字物語
「辛」（入れ墨用の針）を刺して「木」
を選び、新しく作った位牌を親しく
「見」て拝むことを表します。その新
しい位牌は「親」の位牌であることが多
く、「親、親しい」の意味になりました。

もっと知りたい漢字の話

ノ 人 △ 合 合 合

意味
あう

用例
答えが合う　合同クラス　合格　合流　集合
ロボットの合体　日中合作映画　合唱

ゴウ
ガッ

合

あ（う）

漢字物語
器に蓋をする形です。器と蓋が「合
う」ことを表します。

もっと知りたい漢字の話

141
（N4／2年）
42 行 22 列

ノ ト ケ 竹 竹 炫 炫 笈 答 答

トウ

答

こた（え）

意味

こたえ

用例

<ruby>答<rt>こた</rt></ruby>える　<ruby>解答用紙<rt>かいとうようし</rt></ruby>

漢字物語

<ruby>竹<rt>たけ</rt></ruby>の<ruby>札<rt>ふだ</rt></ruby>（<ruby>昔<rt>むかし</rt></ruby>のカード）に<ruby>字<rt>じ</rt></ruby>を<ruby>書<rt>か</rt></ruby>いて<ruby>分<rt>わ</rt></ruby>け、それらを<ruby>合<rt>あ</rt></ruby>わせて、<ruby>使者同士<rt>ししゃどうし</rt></ruby>が<ruby>合致<rt>がっち</rt></ruby>するかどうかの<ruby>証明<rt>しょうめい</rt></ruby>に<ruby>使<rt>つか</rt></ruby>いました。

もっと知りたい漢字の話

ずっと<ruby>昔<rt>むかし</rt></ruby>は「<ruby>合<rt>ごう</rt></ruby>」、その<ruby>次<rt>つぎ</rt></ruby>は「<ruby>荅<rt>とう</rt></ruby>」の<ruby>字<rt>じ</rt></ruby>を「こたえる」の<ruby>意味<rt>いみ</rt></ruby>で<ruby>使<rt>つか</rt></ruby>っていました。「<ruby>答<rt>とう</rt></ruby>」は<ruby>新<rt>あたら</rt></ruby>しい<ruby>字<rt>じ</rt></ruby>です。

142
（N5／2年）
42 行 28 列

ノ 人 今 今

コン

今

いま

意味

いま

用例

<ruby>今<rt>いま</rt></ruby>　<ruby>今月<rt>こんげつ</rt></ruby>　<ruby>今晩<rt>こんばん</rt></ruby>　<ruby>今夜<rt>こんや</rt></ruby>　<ruby>今年<rt>ことし</rt></ruby>　<ruby>今日<rt>きょう</rt></ruby>　<ruby>今朝<rt>けさ</rt></ruby>

漢字物語

<ruby>壺<rt>つぼ</rt></ruby>や<ruby>瓶<rt>びん</rt></ruby>の<ruby>栓<rt>せん</rt></ruby>の<ruby>形<rt>かたち</rt></ruby>を<ruby>表<rt>あらわ</rt></ruby>します。「いま」という<ruby>言葉<rt>ことば</rt></ruby>と<ruby>発音<rt>はつおん</rt></ruby>が<ruby>同<rt>おな</rt></ruby>じだったので、「いま」の<ruby>意味<rt>いみ</rt></ruby>で<ruby>使<rt>つか</rt></ruby>っています。そして、<ruby>新<rt>あたら</rt></ruby>しい<ruby>酒<rt>さけ</rt></ruby>などを<ruby>瓶<rt>びん</rt></ruby>や<ruby>壺<rt>つぼ</rt></ruby>に<ruby>入<rt>い</rt></ruby>れて<ruby>栓<rt>せん</rt></ruby>をする<ruby>瞬間<rt>しゅんかん</rt></ruby>を「いま」として<ruby>表<rt>あらわ</rt></ruby>したのでしょう。

もっと知りたい漢字の話

<ruby>古来<rt>こらい</rt></ruby>、<ruby>中国<rt>ちゅうごく</rt></ruby>では<ruby>女<rt>おんな</rt></ruby>の<ruby>子<rt>こ</rt></ruby>が<ruby>生<rt>う</rt></ruby>まれると、<ruby>父親<rt>ちちおや</rt></ruby>は<ruby>酒<rt>さけ</rt></ruby>をつくって、<ruby>壺<rt>つぼ</rt></ruby>に<ruby>入<rt>い</rt></ruby>れ、<ruby>固<rt>かた</rt></ruby>く<ruby>栓<rt>せん</rt></ruby>をして、<ruby>土<rt>つち</rt></ruby>に<ruby>埋<rt>う</rt></ruby>めました。そして、その<ruby>女<rt>おんな</rt></ruby>の<ruby>子<rt>こ</rt></ruby>が<ruby>成長<rt>せいちょう</rt></ruby>して<ruby>結婚<rt>けっこん</rt></ruby>するとき、その<ruby>壺<rt>つぼ</rt></ruby>を<ruby>掘<rt>ほ</rt></ruby>り<ruby>出<rt>だ</rt></ruby>し、<ruby>時<rt>とき</rt></ruby>がたっておいしくなった<ruby>酒<rt>さけ</rt></ruby>を、<ruby>祝<rt>いわ</rt></ruby>いに<ruby>訪<rt>おとず</rt></ruby>れた<ruby>客<rt>きゃく</rt></ruby>に<ruby>振<rt>ふ</rt></ruby>る<ruby>舞<rt>ま</rt></ruby>ったという<ruby>話<rt>はなし</rt></ruby>があります。「<ruby>今<rt>いま</rt></ruby>」は、<ruby>娘<rt>むすめ</rt></ruby>が<ruby>嫁<rt>とつ</rt></ruby>ぐ<ruby>日<rt>ひ</rt></ruby>のために、<ruby>新酒<rt>しんしゅ</rt></ruby>の<ruby>壺<rt>つぼ</rt></ruby>に<ruby>栓<rt>せん</rt></ruby>をする<ruby>父親<rt>ちちおや</rt></ruby>の<ruby>心<rt>こころ</rt></ruby>を<ruby>描<rt>えが</rt></ruby>いた<ruby>字<rt>じ</rt></ruby>なのかも<ruby>知<rt>し</rt></ruby>れません。

143

（N4／2年）

42 行 26 列

カイ

エ

会

あ（う）

ノ 人 个 会 会 会

意味

あう

用例

人に会う　会話　会社　社会　都会

漢字物語

蒸し器と蓋の形で「あう」という意味です。人が「会う」時に使います。

もっと知りたい漢字の話

古い漢字は「會」と書きます。蒸し器の中に食べ物を入れて蓋をした形です。蒸し器と蓋が「あう」ことを表しますが、今は、人が「会う」時に使います。

144

（N3／2年）

42 行 27 列

カイ

エ

絵

く 幺 幺 幺 糸 糸 糸 紗 給 絵 絵

意味

え

用例

絵をかく　絵本　油絵　絵画

漢字物語

いろいろな色の「糸」を組み合わせて縫ったり織ったりした絵（刺繍や織物）を表します。

もっと知りたい漢字の話

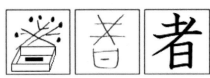

一 十 土 步 者 者 者 者

シャ

者

もの

意味
ひと
人

用例
わかもの　いしゃ
若者　医者

漢字物語
この「日」は太陽ではなく、祈りの文（祝詞）を入れて蓋をした器を表す「曰」です。その「曰」の上に木や土をかぶせて埋めたのが「者」です。「者」は埋められた「もの」として、物にも人にも使いましたが、現在では、人の意味で使います。

もっと知りたい漢字の話
古代、都市の周りには高い城壁をつくりました。それは敵の侵入を防ぐためでしたが、敵だけではなく敵の悪い霊（悪霊）も防がなければなりませんでした。そのため、城壁に「曰」を埋めて「者」を設けたのです。その「者」で守られた都市が「都」なのです。祝詞を書いた「書」にも同じ「曰」が使われています。

日 旦 早 早 昇 暑

ショ

暑

あつ（い）

意味
あつい

用例
あつ　しょちゅうみま　ひしょち
暑い　暑中見舞い　避暑地

漢字物語
「日」（太陽）と「者」で、城壁の上から照りつける太陽を表し、「あつい」の意味になります。

もっと知りたい漢字の話
「者」と「庶」は読み方が似ていたので、おたがいに代用されました。「庶」は軒（广）の下で鍋と火（灬）を使って料理をすることを表します。だから、「暑い」のも「煮る」のも、本当は「者」ではなく「庶」のはずです。また、「遮」は「さえぎる」という意味ですが、「悪霊をさえぎる」意味の「者」ではなく「庶」が使われています。

147
(N3／3年)
41 行 34 列

 者邑都

一 十 土 尹 者 者 者了 者了 都

トツ

都

みやこ

意味
みやこ（首都）　東京都

漢字物語
悪霊を防ぐ「者」(No.145)を城郭に埋めた「邑」(都市)を表します。「邑」は人が大勢住む所を表し、右側のパーツとして使う時は「阝」と書きます。

用例
都　首都　東京都　京都　都合がいい

もっと知りたい漢字の話

148
(N3／1年)
45 行 43 列

一 丅 千 王

オウ

王

意味
王

漢字物語
大きい鉞の形を表します。鉞には霊力（神の力）があって、権力のシンボルと考えられました。それで、大きい鉞は「王」を、小さい鉞は「士」（戦士、武士）を表します。

用例
王様　国王　女王　王子　王国

もっと知りたい漢字の話

一 十 士

意味
りっぱな男 さむらい

用例
武士 兵士 博士

シ

士

漢字物語
小さい 鉞 の 形 を 表 します。「さむらい、武士、戦士」の 意味 でしたが、今は「男子」の 意味 でも 使います。

もっと知りたい漢字の話
「士」は「王」に 仕え、「王」のために 仕事 をしました。「仕」（No.150）を 参 照。

ノ イ 仁 什 仕

意味
つかえる

用例
王に仕える 仕事

シ
ジ

仕

漢字物語
「士」（さむらい）が王に「仕える」、王のために「仕事をする」ことを 表 します。音読みは「士」と同じです。

もっと知りたい漢字の話

つか（える）

151
(N2/2年)
49行9列

フ コ 弓 弓 弓 弓 弓 弱 弱 弱

意味
よわい

用例
弱い 弱点 強弱

ジャク

弱

よわ（い）

漢字物語
飾りの付いた儀式用の弓を二つ並べた形で、弱い弓を表します。弓も霊力があると考えられ、儀式に使われました。

もっと知りたい漢字の話

152
(N4/2年)
49行8列

フ コ 弓 弓 弓 弓 強 強 強

意味
つよい つよく言ってさせる

用例
強い人 子供に勉強を強いる 強弱 強盗

キョウ
ゴウ

強

つよ（い）
し（いる）

漢字物語
「弘」と「虫」を合わせた字です。天蚕糸蛾の幼虫からとった丈夫な弦を張った弓で、強い戦争用の弓を表します。

もっと知りたい漢字の話
「弘」の「ム」は古い漢字（金文）では弓の握りについた紐のようですが、少し新しい漢字（篆文）では肱を表しています。肱を張って弓を強く引いて広げた形から「弘」は「ひろい」の意味になりました。

153
（N3／2年）
49 行 4 列

ㄱ コ 弓 引

意味

ひく

用例

引く力　引力　引用
<small>ひ　ちから　いんりょく　いんよう</small>

イン

引

ひ（く）

漢字物語

弓の弦を引くことを表します。右側
<small>ゆみ　つる　ひ　あらわ　みぎがわ</small>
の「｜」は引く方向を縦に書きました。
<small>ひ　ほうこう　たて　か</small>

もっと知りたい漢字の話

154
（N1／3年）
50 行 20 列

一丁

意味

釘の頭の形（T字形）
<small>くぎ　あたま　かたち　じがた</small>

用例

一丁目　包丁　丁寧な言葉
<small>いっちょうめ　ほうちょう　ていねい　ことば</small>

チョウ
テイ

丁

漢字物語

釘の頭の形（T字形）を表します。
<small>くぎ　あたま　かたち　じがた　あらわ</small>
町を区画する道路も似た形なので、
<small>まち　くかく　どうろ　に　かたち</small>
その区画の意味になりました。
<small>くかく　いみ</small>

もっと知りたい漢字の話

155
（N4／1年）
50 行 21 列

一 冂 冂 田 田 町 町

意味
　　まち

用例
町と村　下町　市町村　朝日町

チョウ

町

まち

漢字物語
「田」と「丁」（丁字形）を合わせて、田の畦道（田を分ける細い道）を表しましたが、今は、「田の広さ」や畦道のように道で分けられた「町」の意味で使います。音読みは「丁」と同じです。

もっと知りたい漢字の話

156
（N4／3年）
49 行 14 列

丿 ㇒ 牛 牛 牛 牜 物 物 物

意味
　　もの

用例
物　物語　動物　生物　物価　物理学　見物
荷物

ブツ
モツ

物

もの

漢字物語
「勿」はいろいろな色の布の飾りをつけた儀式用の弓を表します。その弓と「牛」で、毛の色がいろいろな（雑色の）農耕用の牛を表しました。今では、「いろいろなもの」の意味で使います。音読みは「勿」と同じです。

もっと知りたい漢字の話
古代、布や糸の飾りは魔除けの力があると信じられていました。そして、牛は様々な儀式で殺され、神に捧げられました。また、いろいろな色（雑色）より単色（純色）のほうが価値があると考えられていたので、雑色の牛は価値が低く、農耕に使われ、「もの」と見なされたのでしょう。

一 十 士 圹 圹 坍 圽 坍 場 場

ジョウ

場

ば

意味

場（場所）

漢字物語

「昜」は玉に日光が当たって光を放射している様子を表します。光を放射する玉は日と同じだと信じられ、儀式によく使われました。「昜」に「土」を合わせた「場」は、儀式を行う場所を表します。

用例

広場　場所　小さい工場　大きい工場
サッカー場　パーティー会場

もっと知りたい漢字の話

「昜」をパーツに持つ漢字は「ヨウ（陽）、ジョウ（場）、トウ（湯）」などの読み方があります。

氵 沪 沪 沪 沪 湯 湯 湯

トウ

湯

ゆ

意味

ゆ　ふろ

漢字物語

「昜」と「水」を合わせて、玉に当たった日光が放射するように、湯気（蒸気）を放射する湯を表します。

用例

熱い湯　熱湯　銭湯

もっと知りたい漢字の話

古代の裁判では、神に祈って手を熱い湯につけ、火傷をすれば有罪、火傷をしなければ無罪というように決められることもあったそうです。

159
（N4／2年）
51 行 41 列

ＬＡＬ台台

ダイ
タイ

台

意味
台（だい）

用例
一台（いちだい）の車（くるま）　台形（だいけい）　台所（だいどころ）　台風（たいふう）

漢字物語
　「物（もの）を置（お）く台（だい）」の本当（ほんとう）の字（じ）は「臺（だい）」ですが、読（よ）み方（かた）が同（おな）じだったので、難（むずか）しい「臺」の代（か）わりに、簡単（かんたん）な「台（だい）」を使（つか）うようになりました。「台（だい）」は、「ム」（農具（のうぐ）の耜（すき））と「口」（祝詞（のりと）を入（い）れる器（うつわ））を合（あ）わせて、一年（いちねん）の農作業（のうさぎょう）を始（はじ）める儀式（ぎしき）を表（あらわ）します。だから「始（し）」（はじめる）に使（つか）われているのです。

もっと知（し）りたい漢字（かんじ）の話（はなし）
　「臺（だい）」は「高（こう）」（No.121）と「至（し）」（No.417）を合（あ）わせた字（じ）です。重要（じゅうよう）な建物（たてもの）を建（た）てるとき、儀式（ぎしき）を行（おこな）って最（もっと）も良（よ）い場所（ばしょ）を神（かみ）に尋（たず）ねました。矢（や）を空（そら）に射（い）て、矢（や）が落（お）ちて刺（さ）さった所（ところ）（至（し））が神（かみ）の答（こた）えでした。「室（しつ）」や「屋（や）」にも同（おな）じ「至（し）」のパーツがあります。そのようにして建（た）てた高（たか）い建物（たてもの）が「臺（だい）」で、今（いま）は「物（もの）を置（お）く高（たか）い所（ところ）」の意味（いみ）で使（つか）いますが、本来（ほんらい）「台（だい）」とは別（べつ）の字（じ）です。「台（だい）」は、農作業（のうさぎょう）を開始（かいし）する時（とき）、農具（のうぐ）の耜（すき）（ム）を清（きよ）めて作物（さくもつ）の無事（ぶじ）を祈（いの）る儀式（ぎしき）を表（あらわ）します。

160
（N4／3年）
51 行 42 列

ＬＡ女女女女始始始

シ

始

はじ（まる）

意味
はじまる　はじめる

用例
勉強（べんきょう）を始（はじ）める　授業（じゅぎょう）が始（はじ）まる　開始（かいし）する
始発電車（しはつでんしゃ）

漢字物語
　農作業（のうさぎょう）を開始（かいし）する儀式（ぎしき）（台）は、作物（さくもつ）を無事（ぶじ）に生産（せいさん）するための儀式（ぎしき）なので、子（こ）どもが生（う）まれる出産（しゅっさん）の時（とき）にも無事（ぶじ）を祈（いの）って行（おこな）うようになりました。それで「女（おんな）」のパーツがあります。人（ひと）の一生（いっしょう）が出産（しゅっさん）から始（はじ）まることを表（あらわ）します。

もっと知（し）りたい漢字（かんじ）の話（はなし）

161
（N2／4年）
56 行 48 列

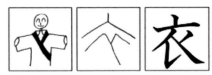

'　亠　ナ　ナ　衣　衣

意味
<ruby>衣服<rt>いふく</rt></ruby>　きもの

用例
<ruby>衣<rt>ころも</rt></ruby>がえの<ruby>季節<rt>きせつ</rt></ruby>　<ruby>更衣室<rt>こういしつ</rt></ruby>　<ruby>脱衣室<rt>だついしつ</rt></ruby>　<ruby>衣服<rt>いふく</rt></ruby>

イ

こ ろ も

漢字物語
<ruby>襟<rt>えり</rt></ruby>を<ruby>合<rt>あ</rt></ruby>わせた<ruby>衣服<rt>いふく</rt></ruby>の<ruby>形<rt>かたち</rt></ruby>です。

もっと知りたい漢字の話

162
（N2／4年）
57 行 4 列

'　亠　广　広　汸　汸　卒　卒

意味
おわる　<ruby>兵卒<rt>へいそつ</rt></ruby>

用例
<ruby>兵卒<rt>へいそつ</rt></ruby>　<ruby>卒業<rt>そつぎょう</rt></ruby>

ソツ

漢字物語
<ruby>亡<rt>な</rt></ruby>くなった<ruby>人<rt>ひと</rt></ruby>の<ruby>衣<rt>ころも</rt></ruby>の<ruby>襟<rt>えり</rt></ruby>を<ruby>重<rt>かさ</rt></ruby>ね<ruby>合<rt>あ</rt></ruby>わせて、<ruby>結<rt>むす</rt></ruby>び<ruby>止<rt>と</rt></ruby>めた<ruby>形<rt>かたち</rt></ruby>を<ruby>表<rt>あらわ</rt></ruby>します。<ruby>中国<rt>ちゅうごく</rt></ruby>では<ruby>古代<rt>こだい</rt></ruby>、<ruby>死者<rt>ししゃ</rt></ruby>の<ruby>霊<rt>れい</rt></ruby>が<ruby>死体<rt>したい</rt></ruby>から<ruby>出<rt>で</rt></ruby>て<ruby>行<rt>い</rt></ruby>ったり、<ruby>悪霊<rt>あくりょう</rt></ruby>が<ruby>死体<rt>したい</rt></ruby>に<ruby>入<rt>はい</rt></ruby>り<ruby>込<rt>こ</rt></ruby>んだりするのを<ruby>防<rt>ふせ</rt></ruby>ぐために、<ruby>死者<rt>ししゃ</rt></ruby>の<ruby>襟<rt>えり</rt></ruby>を<ruby>閉<rt>と</rt></ruby>ざしたのです。

もっと知りたい漢字の話
<ruby>死<rt>し</rt></ruby>と<ruby>同時<rt>どうじ</rt></ruby>に<ruby>急<rt>いそ</rt></ruby>いで<ruby>襟<rt>えり</rt></ruby>を<ruby>閉<rt>と</rt></ruby>ざさなければならなかったので「<ruby>急<rt>きゅう</rt></ruby>に」（<ruby>例<rt>れい</rt></ruby>：<ruby>卒倒<rt>そっとう</rt></ruby>など）の<ruby>意味<rt>いみ</rt></ruby>が<ruby>生<rt>しょう</rt></ruby>じ、<ruby>身分<rt>みぶん</rt></ruby>の<ruby>低<rt>ひく</rt></ruby>い<ruby>下僕<rt>げぼく</rt></ruby>が、<ruby>同<rt>おな</rt></ruby>じような、<ruby>襟<rt>えり</rt></ruby>を<ruby>閉<rt>と</rt></ruby>ざすタイプの<ruby>服<rt>ふく</rt></ruby>を<ruby>着<rt>き</rt></ruby>ていたので、「<ruby>下僕<rt>げぼく</rt></ruby>」（<ruby>例<rt>れい</rt></ruby>：<ruby>兵卒<rt>へいそつ</rt></ruby>など）の<ruby>意味<rt>いみ</rt></ruby>が<ruby>生<rt>しょう</rt></ruby>じました。

163
(N3／2年)
57 行 20 列

  遠

土 吉 寺 寺 幸 袁 袁 遠 遠

意味
とおい

用例
遠い所　遠方　遠足

エン

遠

とお（い）

漢字物語
「袁」は、死者（亡くなった人）の襟元に魔除けの玉をおいた形で、死者が死後の世界へ無事に行けるように祈ることを表します。「袁」に「辶」（行く）を合わせて、死者が遠い死後の世界へ行くことを表します。音読みは「袁」と同じです。

もっと知りたい漢字の話

164
(N3／2年)
57 行 21 列

丨 冂 冃 周 閂 閜 園 園 園

意味
広い庭

用例
花の園　公園　動物園　遊園地

エン

園

その

漢字物語
死者を送る意味の「袁」と土地の区画を表す「囗」を合わせて、霊園を表します。今は「庭園」の意味でも使います。音読みは「袁」と同じです。

もっと知りたい漢字の話

ノナオ右布

意味
ぬの　広げる

用例
布　財布　毛布　公布する

フ

布

ぬの

漢字物語
布（巾）を右手（又）で広げた形と覚えましょう。

もっと知りたい漢字の話
もとは「父」と「巾」を合わせた字でした。それで、読み方も「父」と同じなのです。今は、「父」のパーツを「又」に変えて「布」と書くようになりました。「巾」は腰に巻く礼服用の布を表します。

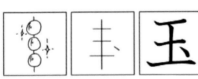

一丁干王玉

意味
玉（宝石）　王

用例
五円玉　目玉　宝玉　玉座

ギョク

玉

たま

漢字物語
玉を糸で連ねた形です。

もっと知りたい漢字の話
玉にも霊力（神の力）があると信じられていたので、儀式でよく使われました。それで、「玉」は儀式を行う王の権力を象徴するようになり、王が座る席を「玉座」と言います。

167
（N5／2年）
35 行 24 列

コク

国
くに

一 冂 冂 冂 冂 国 国 国

意味
くに

用例
わが国　外国　帰国　全国　国立大学

漢字物語
「玉」は玉座という言葉で分かるように、王の権力を象徴します。玉座を中心にして、その周りに境界線（国境）を書くと、国になるのです。同じ「国」の意味で「國」という字もありますが、日本では「国」の字を使います。

もっと知りたい漢字の話
もとの字は、「戈」（軍隊）と「口」（城壁）に守られた城市を表す「或」でしたが、これに国境を表す「囗」を加えて「國」になりました。「國」は国を守るという意味なので、国を広げたいと思っていた唐の時代の則天武后は新しく、八方に国を広げるという意味で「圀」という字を作らせました。「国」という字は草書体から作られた略字という説もあります。

168
（N5／2年）
59 行 10 列

フン
ブン
ブ

分
わ（ける）

ノ 八 分 分

意味
わける

用例
分ける　五分間　十分な　自分

漢字物語
「八」と「刀」を組み合わせた字です。「八」は左右に分ける形を表すので、「分」は「刀」で物を二つに分けることを表します。

もっと知りたい漢字の話

169
(N3／5年)
59 行 12 列

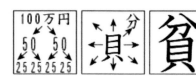

ヒンピン

貧

まず（しい）

ノ 八 分 分 分 谷 谷 貧 貧

意味
まずしい

用例
貧しい 貧乏な 貧困
まず びんぼう ひんこん

漢字物語
「分」と「貝」を組み合わせた字です。「貝」はお金を表すので、「貧」はお金を分けて、少なく、貧しくなることを表します。

もっと知りたい漢字の話

170
(N5／2年)
59 行 17 列

ハン

半

なか（ば）

、 ソ ニ 兰 半

意味
半分
はんぶん

用例
二学期半ば 半分 前半 後半
にがっきなか はんぶん ぜんはん こうはん

漢字物語
儀式で、神のために牛を殺して、二つに分けることを表します。
ぎしき かみ うし ころ ふた あらわ

もっと知りたい漢字の話
田と田を分ける境界を「畔」と書きます。
た た わ きょうかい あぜ か

171
（N5／1年）
58 行 12 列

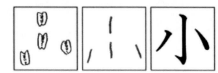

丿 小 小

ショウ

小

ちい（さい）
こ
お

意味

ちいさい

漢字物語

小さい貝がいくつか落ちている形を表します。

用例

小さい川　小川　小包　大小　小学生
小数点

もっと知りたい漢字の話

昔、貝はお金として使われましたが、そのほかに、霊力があると信じられていたので、ネックレス等の飾りとしても使われました。

172
（N4／2年）
58 行 13 列

丿 小 小 少

ショウ

少

すく（ない）
すこ（し）

意味

すくない　すこし

漢字物語

小さい貝に糸を通してネックレス（首飾り）を作っている形で、まだ貝の数が少ないことを表します。

用例

少ない　少し　少年　少女　少数の学生

もっと知りたい漢字の話

小さい貝に糸を通すように、玉を繋いだものが「瑣」、金属を繋いだものが「鎖」です。

一 プ 石 石 石 石 砂 砂

意味
すな
砂

用例
すな　すなはま　さばく
砂　砂浜　砂漠

サ

すな

漢字物語
糸を通してネックレスにする小さい
貝（少）のような小さい粒の「石」
を表します。

もっと知りたい漢字の話
本来、粗い粒の砂を「砂」、水辺の細かい粉の
ような砂を「沙」と書きます。

一 二 千 千 禾 利 利 秒 秒

意味
びょう
秒

用例
いちびょう　びょうそく
一秒　秒速

ビョウ

漢字物語
稲を表す「禾」と「少」を合わせて、
「わずか」の意味を表し、1分の1/60
の時間の単位に使うようになりまし
た。

もっと知りたい漢字の話
「秒」のもとの意味は稲のモミの「のぎ」（先端
の針のような毛）を表します。

175
（N3／3年）
58行22列

ショウ

消

き（える）
け（す）

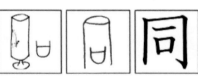

`丶 丷 氵 沪 沪 沪 消 消 消`

意味

きえる　けす

用例

消す　消える　消防車　消火器

漢字物語

骨に残っている小さい肉片を表す「肖」と「水」で、水が消えてなくなることを表します。音読みは「小」や「肖」と同じです。

もっと知りたい漢字の話

「肖」は骨についている小さい肉片を表し、「小さいもの」をいう時に使われます。木の小枝のことを「梢」、小さいごみのくずを「屑」と書きます。

176
（N4／2年）
38行34列

ドウ

同

おな（じ）

`｜ 冂 冂 同 同 同`

意味

おなじ

用例

同じ　同数　同時に　合同クラス　同級生

漢字物語

儀式に用いる筒形の杯を表します。みんなで同じ筒形の杯を使って儀式をしたので、「おなじ」の意味になりました。

もっと知りたい漢字の話

筒形の杯の形が「同」、筒形の杯を作った金属が「銅」、竹の筒が「筒」、筒形をした体の部分が「胴」、水の作用でできた筒形の穴が「洞」です。

177
（N3／3年）
1 行 23 列

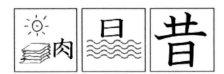

一 十 卅 卅 芹 芹 昔 昔

意味
むかし

セキ
シャク

昔
むかし

漢字物語
干し肉を積み重ねた形を表します。「むかし」と同じ発音だったので、「むかし」の意味で使うようになりました。薄く切った肉を日に干して乾燥させた干し肉が「過ぎ去った長い時間」を連想させます。

用例
大昔　昔話

もっと知りたい漢字の話
「干し肉」という意味の漢字は「腊」です。「昔」に「月」（肉）を加えて作られました。

178
（N4／4年）
1 行 24 列

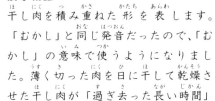

ノ イ イ- 件 件 借 借 借

意味
かりる

シャク

借
か（りる）

漢字物語
過ぎてしまった時間（昔）は本当に短くて一時的なものに思えるので、「人」と合わせて、「人のものが一時的に自分のものになる」つまり「借りる」という意味を表します。

用例
お金を借りる　借金　借家

もっと知りたい漢字の話

丶 丷 少 火 灯 炬 炉 畑 畑

畑

はたけ
はた

意味

はたけ　専門分野

用例

畑　田畑

漢字物語

「田」は稲を作る水田を表します。焼き畑などの「乾いた田」という意味で「火」を加えたのです。「畑」は日本で作られた漢字です。

もっと知りたい漢字の話

乾いた田は水田に比べて土が白いので、「白」と「田」を合わせた「畠」という字もありますが、常用漢字では「畑」を使います。

丶 口 日 日 甲 甲 里

リ

里

さと

意味

さと　いなか

用例

古里　山里　郷里

漢字物語

「田」と「土」を合わせた字です。「土」は土地の神を表す字で、その土地の神を祭って「社」（神社）が建てられました。それで、「里」は、田の神を祭る神社を中心にして人々が住んでいる所を表します。

もっと知りたい漢字の話

古代の日本では神社（御宮）、中国では廟を中心に村ができました。キリスト教の教会やイスラム寺院を中心にして村ができたのと同じです。

 玉 里 理

一 丁 千 王 玗 玾 玾 玾 理 理

リ

理

意味
どうり りくつ
道理　理屈

用例
りか ぶつり りょうり りゆう むり
理科　物理　料理　理由　無理

漢字物語
ぎょく り あ じ ぎょく
「玉」と「里」を合わせた字で、玉
さと た きそくただ せん
に里の田のような規則正しい線があ
あらわ よ かた り
ることを表します。読み方は「里」
おな ぎょく ひだりがわ
と同じです。「玉」を左側のパーツ
つか おう か
として使うときは「王」と書きます。

もっと知りたい漢字の話
さと た
里には、きれいに手入れされた田んぼがあっ
きそくてき た あぜみち きそくてき
て、規則的な田の畦道があります。その規則的
あぜみち みが ぎょく ひょうめん あらわ
な畦道のように、磨いた玉の表面に現れる
きそくてき けっしょう せん あらわ ぎょく
規則的な結晶の線を表すのが「理」です。玉
しゅるい けっしょう せん き
の種類によって結晶の線も決まっています。

   番

一 ⺊ ⺜ 丷 平 来 来 番

バン

番

意味
じゅんばん み は
順番　見張り

用例
ばんごう じゅんばん こうばん るすばん
番号　順番　交番　留守番

漢字物語
くま けもの あし うら かたち 采
熊など獣の足の裏の形です。「采」
けもの つめ あらわ くま あしあと
は獣の爪を表します。熊などの足跡
ゆうこうご じゅんばん じゅん
が左右交互に順番につくので「順
ばん あらわ くま みは
番」を表します。また、熊などを見張
くま みは いみ
ることから「見張る」意味にもなりま
した。

もっと知りたい漢字の話
ばん あしへん けもの あし いみ
「番」に「足偏」を加えると、獣の足の意味に
たい くま て あし はね
なります。平らな熊などの手（足）や羽がひら
ひるがえ ほん ひるがえ たて なが はた
ひら翻るのが「翻」、翻る幟（縦に長い旗）
はた はた きょうかい かこ まも りょうち
が「幡」、「幡」を立て、境界で囲って守る領地
はん くま あし うら
を「藩」といいます。「番」は熊などの足の裏を
あらわ ひるがえ あし うら
表し、「ひらひら翻る」イメージと足の裏の
いろ しろ はん
色の「しろい」というイメージがあります。「潘」
しろ こめ じる あらわ せんがんよう つか
は白い米のとぎ汁を表し、洗顔用に使われま
はん はん おんぷ へい じょうへき
した。「藩」は「潘」が音符で、「塀」や「城壁」
あらわ
を表します。

183

一 丆 厅 币 雨 雨 画 画

ガ
カク

画

意味

絵　絵をかく（描く）　区切る

用例

画家　映画　録画　画面　計画　区画

漢字物語

戦勝を祈願して、魔除けの絵を描いた四角い盾の形を表します。盾を区切って絵や模様を描いたので、「絵」や「描く」のほかに「区切る」という意味があります。「絵」や「描く」という意味では「ガ」、「区切る」意味では「カク」と読みます。

もっと知りたい漢字の話

もとの字は「畫」で、「聿」（筆）と「田」（十字に区切った四角い盾）を合わせた字です。

184

丿 几 月 円 用 用 周 周

シュウ

周

まわ（り）

意味

まわり（周囲）

用例

学校の周りを一周する

漢字物語

魔除けの絵を描いた四角い盾（田）と祝詞を入れる器（口）を合わせた字です。戦勝を祈って、盾の周囲に彫刻をしたと考えられています。

もっと知りたい漢字の話

殷王朝を倒して周王朝を建てた周族は、このような盾を使用したと考えられています。

185
(N4／2年)
50 行 11 列

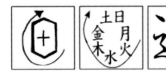

ノ 刀 月 冂 用 用 周 `周 凋 週

意味
週

用例
一週間　先週　今週　来週

シュウ

週

漢字物語
「周り」に「辶」(行く) を加えて、「めぐる」ことを表し、「めぐる一週間」の意味になりました。「周」と同じ読み方です。

もっと知りたい漢字の話

186
(N3／3年)
50 行 12 列

ヽ 亠 亖 言 言 訂 訊 訊 調 調

意味
調う (全部そろう、完成する)
調べる

用例
調べる　必要な材料を調える　調査　調節

チョウ

調

しら (べる)
ととの (える)

漢字物語
「周」(四角い盾) と「言」(神に誓う言葉) を合わせて、盾に神の力が入って完成する (調う) ことを表します。完全に調ったかどうか「調べる」意味もあります。

もっと知りたい漢字の話
「周」をパーツとする字は、「シュウ」(週) と読むものと、「チョウ」(調、彫) と読むものがあります。

'　亠　云　去　育

意味

そだてる　そだつ

用例

赤_{あか}ちゃんが育_{そだ}つ　子供_{こども}を育_{そだ}てる　体育_{たいいく}　教育_{きょういく}

イク

そだ（てる）

漢字物語

「子」の逆_{さか}さまの形_{かたち}と「月」（肉_{にく}）を
合_あわせた字_じで、生まれた子_こどもの体_{からだ}
（肉体_{にくたい}）が大_{おお}きくなることを表_{あらわ}しま
す。「子」の逆_{さか}さまの形_{かたち}は生まれる子_こ
どもを表_{あらわ}します。

もっと知りたい漢字の話

丶　丷　氵　氵　氵　氵　氵　氵　流　流

意味

ながれる

用例

流_{なが}れる　急流_{きゅうりゅう}　電流_{でんりゅう}　流行_{りゅうこう}　流浪_{るろう}の民_{たみ}

リュウ
ル

なが（れる）

漢字物語

右_{みぎ}のパーツは、子_こどもが逆_{さか}さまになっ
て水_{みず}に流_{なが}されている形_{かたち}です。それに
「氵」（水_{みず}）を加_{くわ}えて、「ながす、なが
れる」ことを表_{あらわ}します。

もっと知りたい漢字の話

古代_{こだい}には、洪水_{こうずい}の度_{たび}に大勢_{おおぜい}の人_{ひと}が流_{なが}され亡_なく
なりました。うつ伏_ぶせに流される水死体_{すいしたい}が
「氾_{はん}」、水没_{すいぼつ}する子_こを救_{すく}うために手_てを伸_のばすの
が「浮_ふ」です。

189
（N2／6年）
3 行 33 列

丶 丶 ㄅ 白 白 自 户 泉 泉

意味
　　いずみ

用例
　　泉がわく　温泉

セン

漢字物語
泉から湧き水が流れ出る形です。

もっと知りたい漢字の話
崖（厂）から流れ出る泉を表すのが「原」で、「源」という意味があります。

泉

いずみ

190
（N2／2年）
3 行 34 列

 線

く 幺 糸 糸 糸' 糸' 紵 紵 綿 線

意味
　　線

用例
　直線　曲線　線路　電線　無線

セン

漢字物語
水が細く流れ落ちる「泉」と「糸」を合わせて、細い糸のような線を表します。「泉」と同じ音読みです。

もっと知りたい漢字の話
古い字は「綫」と書きます。「戔」は「戈」を重ねた形で「薄い物を重ねる」ことを表します。

線

191
（N2／5年）
3行23列

` 亅 才 永 永

意味
　　ながい

用例
永い眠りにつく　永眠する　永遠に続く
永住ビザ

エイ

永

なが（い）

漢字物語
川が合流する形です。川が合流してさらに長く流れることから「ながい」の意味になりました。特に「時間がながい」という意味で使われます。

もっと知りたい漢字の話
合流の反対で、分流する（流れが分かれる）のが「派」で、「分かれる」意味で使われます。「辰」は分流する流れの形です。

192
（N3／3年）
3行24列

氵 氵 氵 氿 泳 泳

意味
　　およぐ

用例
泳ぐ　水泳

エイ

泳

およ（ぐ）

漢字物語
長い時間、水の中にいることを表し、「およぐ」意味になります。「永」が音読みを表します。

もっと知りたい漢字の話

193
（N4／3年）
3行44列

く 乡 乡 乡 糸 糸 糸 終 終 終

意味

おわる　おわり

用例

授業が終わる　終了する　バスの終点
終電（最終電車）

シュウ

お（わる）

漢字物語

「冬」（No.64）は、糸の終わりを結ん
だ形と「冫」（氷）を合わせた字で、
「ふゆ」を表します。それに「糸」
を加えて、糸を結んだ「おわり」を表
します。

もっと知りたい漢字の話

季節をならべて言うときも「春夏秋冬」と
「冬」を終わりに言います。

194
（N3／3年）
3行42列

丶 宀 宀 宀 帝 宯 宲 寒 寒

意味

さむい

用例

寒い　寒気がする　寒気と暖気　寒流と暖流

カン

さむ（い）

漢字物語

もとの字は「宀」と「艸を重ねた形」
と「人」と「冫」（氷）を合わせた字
で、冷たい床に草を敷いて人が寝る時
の寒さを表します。

もっと知りたい漢字の話

現在の「寒」の字は、「塞」の上の部分と同じ形
ですが、「寒」と「塞」は関係のない字です。「塞」
は祭具の「エ」を積み重ねて悪霊などを閉じ
込めて塞ぐという意味の字です。

195
(N4 / 1年)
4行13列

セキ

赤

あか（い）

一十土ナ赤赤赤

意味
あかい

用例
赤いシャツ　赤信号　赤ちゃん（赤ん坊）
赤道　赤十字

漢字物語
「土」に変形した「大」と「火」を合わせた字です。「火」を使って人（大）の罪を祓い清める儀式を表します。その火の色の意味になりました。

もっと知りたい漢字の話
「赤」に鞭打つ意味の「攵」を加えると、「罪をゆるす」という意味の「赦」になります。罪を祓い清めるのに、火や水が使われました。

196
(N4 / 2年)
4行19列

コク

黒

くろ（い）

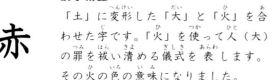

日甲甲里里黒

意味
くろい　くろ

用例
黒い犬　白黒フィルム　黒板

漢字物語
煙突の形（里）と火（灬）を合わせた字です。煙突の煤の色を表します。

もっと知りたい漢字の話
「東」（袋の形）と「灬」（火）を合わせた字で、袋の中のものを燻蒸することを表すという説もあります。

雪雪雪雪

意味

ゆき

用例

雪が積もる　大雪　積雪　除雪

セツ

雪

ゆき

漢字物語

「雨」の下に「又」（手）を合わせた字で、手で払う雪を表します。「ヨ」は「又」の変形です。「雨」は天気を表すパーツとして使われます。

もっと知りたい漢字の話

古い字は雪の結晶の形を書きました。「ゆき」は払拭の「拭」（ぬぐう）と発音が近かったので、雪等のように「ぬぐう」意味でも使うようになりました。それで、新しい字には「雨」の下に「又」（手）が加えられたのです。

雲雲雲雲雲

意味

くも
雲

用例

雨雲　白雲　雲海　積乱雲

ウン

雲

くも

漢字物語

「云」は雲の下から竜の尾が出ている形で、「くも」を表します。今は「雨」を加えて「雲」と書きます。音読みは「云」と同じです。

もっと知りたい漢字の話

中国では古代、天（空）には竜がいて、雲に乗って移動したり、風を起こしたり、虹になったりすると信じられていました。のちに「云」は「いう」の意味で使うようになりました。

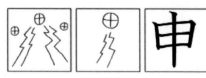

いっ ロ日日申

意味

申す　（伸びる）

用例

申します　申し込む　申請する

漢字物語

稲妻（雷の光）が長く伸びる形を表し、「神」を意味しました。のちに、神に「もうす」の意味で使われるようになりました。

もっと知りたい漢字の話

雷は神が起こすと信じられていたので、「申」は「神」を意味しました。のちに、「申」が神に「もうす」の意味で使われるようになったので、祭壇を表す「示」を加えて「神（神）」の字が作られました。人が伸びをするのが「伸」で、下に帯を長く垂らした礼服が「紳」、それを着た人を「紳士」と言ったのです。

雷雫雫雫雷電

意味

電気

用例

電気　電話　電車

漢字物語

稲妻（雷の光）を表す「申」に、天気を表す「雨」を合わせて、「稲妻」を表します。「稲妻」は「電光」ともいいます。今は「電気」の意味で使います。「電」を書くときは「申」の形が少し変化します。

もっと知りたい漢字の話

201
（N2／5年）
36 行 34 列

ジ
シ

示

しめ（す）

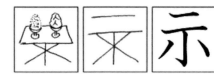

一 ニ テ 示 示

意味

しめす

用例

図で示す　図示する　暗示する

漢字物語

祭壇のテーブルの形を表します。その
上に、肉などの供え物を置くのです。
「示」は、神の教示というように「しめ
す」意味ですが、パーツとして使うとき
は「神」を表します。

もっと知りたい漢字の話

202
（N2／3年）
4 行 46 列

シン
ジン

神

かみ

丶 ラ ネ ネ ネ 初 袒 神

意味

神

用例

神様　神社

漢字物語

稲妻を表す「申」（No.199）と神を表す
「示」を合わせて、「神」です。「示」は
左側のパーツとして使うときは「ネ」
と書きます。「衣」の意味のパーツ「ネ」
と違うので注意しましょう。

もっと知りたい漢字の話

` ラ ネ ネ ネ 社 社

意味
じんじゃ　かいしゃ　しゅうだん
神社　会社　集団

用例
じんじゃ　かいしゃ　しゃかい
神社　会社　社会

シャ

社

やしろ

漢字物語
とち　かみ　あらわ　ど　かみ　あらわ　じ
土地の神を表す「土」と神を表す「示」
あ　　　　かみ　まつ　ばしょ　あらわ
を合わせて、「神を祭る場所」を表しま
む かし　　　　たてもの
す。昔は、建物はなかったのですが、
じんじゃ　た
のちに「神社」を建てるようになりまし
じんじゃ　ちゅうしん　むら　ひとびと
た。「神社」を中心にして、村の人々が
あつ　　　しゅうだん　　　　　かいしゃ
集まり、集団ができたので、「会社」な
ひと　しゅうだん　いみ　つか
ど、人の集団の意味でも使うようにな
りました。

もっと知りたい漢字の話

ノ ク タ タ 夕 癶 癶 祭 祭 祭

意味
まつる　まつり

用例
まつ　なつまつ　さいじつ　だいがくさい
祭る　夏祭り　祭日　大学祭

サイ

祭

まつ（る）
まつ（り）

漢字物語
さいだん　　　　　みぎて　　　にく　　　そな
祭壇（示）に右手（又）で肉（月）を供
かたち　にく　かみ　　　　ころ　　　ひつじ
える形です。肉は神のために殺した羊
にく　　　　　　　　　かみ　まつ
などの肉です。「まつり」は「神を祭る」
ことです。

もっと知りたい漢字の話

107

205

（N2/5年）
36 行 44 列

サイ

際

きわ

意味
きわ（二つものが接する 境 <small>さかい</small>）

用例
水際<small>みずぎわ</small>　国際<small>こくさい</small>

漢字物語
左側<small>ひだりがわ</small>の「阝」は神<small>かみ</small>が天<small>てん</small>から降<small>お</small>りてくる階段<small>かいだん</small>を表<small>あらわ</small>します。それと神<small>かみ</small>を祭<small>まつ</small>る意味<small>いみ</small>の「祭」<small>さい</small>を合<small>あ</small>わせて、神<small>かみ</small>が天<small>てん</small>から地上<small>ちじょう</small>に降<small>お</small>りてくる所<small>ところ</small>を表<small>あらわ</small>します。それで、「際」<small>さい</small>は神<small>かみ</small>の世界<small>せかい</small>と人<small>ひと</small>の世界<small>せかい</small>の境界<small>きょうかい</small>を表<small>あらわ</small>します。境界<small>きょうかい</small>の所<small>ところ</small>を「きわ」といいます。

もっと知りたい漢字の話
漢字<small>かんじ</small>の左側<small>ひだりがわ</small>のパーツ（偏<small>へん</small>）の「阝」は神<small>かみ</small>の階段<small>かいだん</small>（梯子<small>はしご</small>）を表<small>あらわ</small>すので、このパーツのある漢字<small>かんじ</small>は神<small>かみ</small>に関係<small>かんけい</small>があります。「都」<small>と</small>（No.147）も参照<small>さんしょう</small>。

206

（N5/1年）
5 行 11 列

キ
ケ

気

意味
空気<small>くうき</small>　気持<small>きも</small>ち

用例
天気<small>てんき</small>　空気<small>くうき</small>　気温<small>きおん</small>　気持<small>きも</small>ち　元気<small>げんき</small>な　病気<small>びょうき</small>

漢字物語
もとの字<small>じ</small>は「氣」です。空気<small>くうき</small>やエネルギーの流<small>なが</small>れを表<small>あらわ</small>す「气」<small>き</small>と主食<small>しゅしょく</small>の「米」<small>こめ</small>を合<small>あ</small>わせた字<small>じ</small>です。米<small>こめ</small>を炊<small>た</small>くときの蒸気<small>じょうき</small>の流<small>なが</small>れを表<small>あらわ</small>します。

もっと知りたい漢字の話
主食<small>しゅしょく</small>の「米」<small>こめ</small>を食<small>た</small>べて元気<small>げんき</small>になる（エネルギーを満<small>み</small>たす）ことを表<small>あらわ</small>すという説<small>せつ</small>もあります。

207
（N3/4年）
5行30列

ミ

未

一 二 千 才 未

意味

まだ〜ない

用例

未来　未明　未知の星

漢字物語

枝が上に向かって伸びる木の形です。木の新芽はこれから大きくなるので、「これから」の意味でしたが、「まだ」の意味で使われるようになりました。

もっと知りたい漢字の話

「未」が「まだ」という言葉と発音が同じだったので借用したという説もあります。「未」の枝を切りそろえてきれいな形にするのが「制」、切りそろえて衣服を作るのが「製」です。パーツの「刂」は「刀」を表し、「切る」の意味があります。

208
（N4/3年）
5行31列

ミ

味

あじ

口 口一 口二 口牛 味 味

意味

あじ

用例

味がいい　甘味料　酸味

漢字物語

伸びる枝の新芽（未）を食べて（口）味わうことを表します。昔から、新芽はおいしい食べ物でした。音読みは「未」と同じです。

もっと知りたい漢字の話

209
（N4／2年）
5行32列

女 女 女 妊 妹 妹

意味
いもうと

用例
妹（いもうと）　三人姉妹（さんにんしまい）

マイ

妹

いもうと

漢字物語
これから大きく（おお）なっていく「いもうと」を表（あらわ）します。

もっと知りたい漢字の話
「未」をパーツとする漢字は「ミ」や「マイ」と読みます。「ミ」と読（よ）むのは「未、味、魅」など、「マイ」と読（よ）むのは「妹、昧」などです。

210
（N3／4年）
5行27列

一 二 キ 才 末

意味
すえ（おわり）

用例
今月の末（こんげつ　すえ）　末の子供（すえ　こども）　末っ子（すえっこ）　月末（げつまつ）　週末（しゅうまつ）

マツ

末

すえ

漢字物語
木の末端（き　まったん）を表（あらわ）します。末端（まったん）は「おわり」ですから、その意味（いみ）になりました。

もっと知りたい漢字の話

110

211
(N3/4年)
5 行 41 列

一 一 一 一 口 一 巾 束 束

意味
たば

用例
花束　札束　束にする　約束する

ソク

漢字物語
木の束の形です。

もっと知りたい漢字の話

束

たば

212
(N3/3年)
5 行 42 列

一 一 口 一 巾 束 束 束 束 速

意味
はやい

用例
速い　速やかに行う　速度　時速百キロ
快速電車　高速道路　速達

ソク

漢字物語
重い木の束を担いで運ぶスピードの速
さを表します。山道で木の束を軽そう
に運ぶ山岳民族の歩くスピードを表す
ともいわれています。音読みは「束」と
同じです。

もっと知りたい漢字の話

はや（い）
すみ（やか）

一 二 三 丢 乗 乗 乗 乗

ジョウ

乗

の（る）

意味

のる

漢字物語

高い木の上に登って、見張り台などに乗ることを表します。高い木の上に見張り台などを作って、そこから敵の様子などを見張ったのです。

用例

馬に乗る　車に乗る　乗客　乗車券　乗馬

もっと知りたい漢字の話

白 白 泊 泊 泊 楽

ガク
ラク

楽

たの（しい）

意味

たのしい　らく　音楽

漢字物語

楽器の鈴の形です。手で持てるように柄がついていました。祭りで巫女が舞う時や、病気を治す儀式などで使われました。

用例

楽しいパーティー　楽な仕事　音楽　楽器　娯楽

もっと知りたい漢字の話

鈴には魔除けの糸飾りがつけられ、もとは「樂」と書きました。鈴の音は悪霊を祓うと信じられ、今も、いろいろな国の伝統的なダンスに使われています。「おんがく」の意味では「ガク」、「たのしい」の意味では「ラク」と読みます。

215

一 十 艹 艹 萻 芦 莒 莒 蔀 薬 薬

ヤク

薬

くすり

意味

くすり

用例

<ruby>薬<rt>くすり</rt></ruby>を<ruby>飲<rt>の</rt></ruby>む　<ruby>目薬<rt>めぐすり</rt></ruby>　<ruby>薬局<rt>やっきょく</rt></ruby>　<ruby>薬学<rt>やくがく</rt></ruby>

漢字物語

<ruby>病気<rt>びょうき</rt></ruby>を<ruby>治<rt>なお</rt></ruby>す<ruby>時<rt>とき</rt></ruby>に<ruby>使<rt>つか</rt></ruby>う<ruby>鈴<rt>すず</rt></ruby>を<ruby>表<rt>あらわ</rt></ruby>す「<ruby>楽<rt>がく</rt></ruby>」と<ruby>草<rt>くさ</rt></ruby>（<ruby>薬草<rt>やくそう</rt></ruby>）を<ruby>表<rt>あらわ</rt></ruby>す「艹」を<ruby>合<rt>あ</rt></ruby>わせて、「<ruby>薬<rt>くすり</rt></ruby>」です。<ruby>音読<rt>おんよ</rt></ruby>みの「ヤク」は「<ruby>楽<rt>がく</rt></ruby>」の「ガク、ラク」から<ruby>変化<rt>へんか</rt></ruby>しました。

もっと知りたい漢字の話

<ruby>草<rt>くさ</rt></ruby>を<ruby>表<rt>あらわ</rt></ruby>す「艸」の<ruby>字<rt>じ</rt></ruby>はパーツで<ruby>使<rt>つか</rt></ruby>うときは「艹」と<ruby>書<rt>か</rt></ruby>きます。

216

丶 丷 宀 宀 宀 宀 宀 宿 宿 宿

シュク

宿

やど

意味

やど

用例

<ruby>宿屋<rt>やどや</rt></ruby>　<ruby>民宿<rt>みんしゅく</rt></ruby>　<ruby>宿題<rt>しゅくだい</rt></ruby>

漢字物語

<ruby>廟<rt>びょう</rt></ruby>（<ruby>先祖<rt>せんぞ</rt></ruby>を<ruby>祭<rt>まつ</rt></ruby>った<ruby>神社<rt>じんじゃ</rt></ruby>）に<ruby>敷物<rt>しきもの</rt></ruby>（マットなど）を<ruby>敷<rt>し</rt></ruby>いて<ruby>人<rt>ひと</rt></ruby>が<ruby>寝<rt>ね</rt></ruby>る<ruby>形<rt>かたち</rt></ruby>を<ruby>表<rt>あらわ</rt></ruby>します。「宀」は<ruby>廟<rt>びょう</rt></ruby>の<ruby>屋根<rt>やね</rt></ruby>、「百」は「<ruby>敷物<rt>しきもの</rt></ruby>」を<ruby>表<rt>あらわ</rt></ruby>します。<ruby>先祖<rt>せんぞ</rt></ruby>の<ruby>霊<rt>れい</rt></ruby>を<ruby>祭<rt>まつ</rt></ruby>って<ruby>儀式<rt>ぎしき</rt></ruby>を<ruby>行<rt>おこな</rt></ruby>う<ruby>時<rt>とき</rt></ruby>は、<ruby>廟<rt>びょう</rt></ruby>に<ruby>泊<rt>と</rt></ruby>まって<ruby>宿直<rt>しゅくちょく</rt></ruby>したのです。それが「<ruby>宿<rt>しゅく</rt></ruby>」で、「やど、やどる」の<ruby>意味<rt>いみ</rt></ruby>です。

もっと知りたい漢字の話

217
（N3／2年）
6行36列

日　日⁻　日⁺　日キ　晴　晴　晴　晴　晴

意味
はれる

用例
晴れ　晴れる　晴天　快晴

セイ

晴

は（れる）

漢字物語
「日」と青空の「青」を合わせて「晴」です。青空のいい天気を表します。音読みは「青」と同じです。

もっと知りたい漢字の話

218
（N3／4年）
28行26列

ノ　ケ　ケ　今　争　争

意味
あらそう

用例
国と国が争う　戦争　競争

ソウ

争

あらそ（う）

漢字物語
もとの字は「爭」で、「爪」（つめ）と「｜」（農具の耒）と「又」（手）を組み合わせた字です。「爪」は爪を立てた手を表し、「又」は右手を表しますから、「爭」は、「爪」と「又」の二つの手が「｜」（耒）を奪い合って争う形を表します。常用漢字では「争」と書きます。

もっと知りたい漢字の話
「又」に縦線（｜）が交わるとき、「又」を「争、君、事」のように書きます。また、上下から挟んで書く時も同様ですが、常用漢字では少しだけ変えて、「急、隠」のように「ヨ」の形に書きます。

219

（N3／4年）
6行33列

一 十 キ 主 青 青 靜 靜 静 静

セイ
ジョウ

静

しず（か）

意味

しずか

漢字物語

「青」はいろいろな物を清める時に使われた色で、儀式では清める物に青い色の顔料（絵の具）を塗りました。それで、「静」は「争」を祓い清めることを表します。音読みは「青」と同じです。

用例

静かな所　静岡　静止する　安静にする
静脈と動脈

もっと知りたい漢字の話

「静」は農業の儀式で、農具の未を祓い清めて、害虫や天気が静まり、農作物が安静に育つように祈ったことを表しています。

220

（N3／3年）
39行26列

一 二 千 禾 禾 和

ワ

和

やわ（らぐ）
なご（やか）

意味

平和　やわらぐ　なごむ

漢字物語

軍門（禾）の前で国と国が平和（戦争をやめること）を約束して神に誓う（口）ことを表します。「和」の「禾」は「稲」ではなくて、軍の駐屯地の門に立てる標識を表します。

用例

和やかな　和らげる　平和　調和

もっと知りたい漢字の話

「和」の古い漢字は「木」と「口」を書きました。「口」は祝詞を入れる器の形で、神への祈りや誓い（誓約）を表します。駐屯地の軍門の前で、戦争をやめる約束をして、神に誓ったのです。

115

 平

一　ニ　マ　宀　立　平

意味

たいら　ふつう

用例

平らな場所　平和　平均　平等

ヘイ
ビョウ

平

たい（ら）
ひら

漢字物語

　「平」は手斧を表す「干」と「八」を合わせた字です。手斧（干）で木を平らに削り木片が左右に散る（八）形を表します。

もっと知りたい漢字の話

　「平」は水面に浮かぶ水草の形で、平らなことを表すという説も有力です。

一　ニ　千　禾　禾　季　季　季

意味

きせつ

用例

季節　冬季オリンピック　四季がある

キ

季

漢字物語

　稲を表す「禾」と「子」を合わせて、豊作を祈って舞う子どもを表します。子どもが稲の束を頭にかぶって舞う形です。

もっと知りたい漢字の話

　同じように、豊作を祈って舞をする男が「年」、それに合わせて舞う女が「委」です。「季」は「末」の意味がありますが、舞をする子どもは氏族の末の子に決まっていたからだと言われています。

223
（N5/2年）
8行12列

 來 来 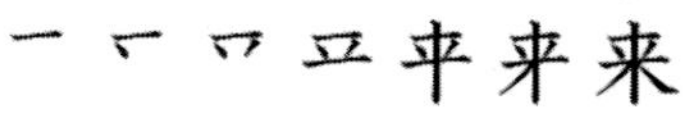

ライ

来

く（る）
きた（る）

意味

くる

用例

来る（く） 来た（き） 来ない（こ） 来年（らいねん） 来週（らいしゅう） 来日（らいにち）する
未来（みらい）

漢字物語

麦（むぎ）の形（かたち）を表（あらわ）します。「来（らい）」が「くる」という言葉（ことば）と同（おな）じ発音（はつおん）だったので、「くる」の意味（いみ）で使（つか）うようになったと言（い）われていますが、麦（むぎ）が外国（がいこく）から来（き）た作物（さくもつ）だったことも関係（かんけい）があるでしょう。

もっと知りたい漢字の話

周王朝（しゅうおうちょう）は天（てん）（神（かみ））によって「もたらされた」麦（むぎ）によって栄（さか）えたという伝説（でんせつ）もあります。麦（むぎ）が「天（てん）から来（き）た作物（さくもつ）」ということは、外来（がいらい）の作物（さくもつ）ということになります。麦（むぎ）の原産地（げんさんち）はアフガニスタンからパミール高原一帯（こうげんいったい）と言（い）われています。米（こめ）は既（すで）に一万年前（いちまんねんまえ）に長江流域（ちょうこうりゅういき）で作（つく）られていたようです。

224
（N3/4年）
53行50列

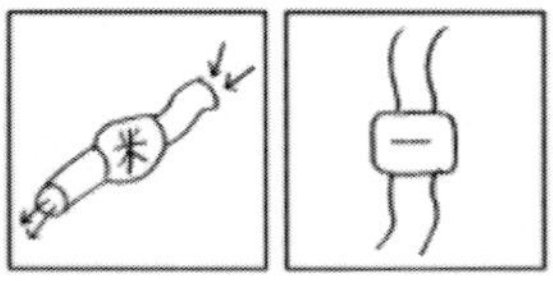 良 

リョウ

良

よ（い）

意味

よい（いい）

用例

良（よ）い 良心（りょうしん） 良好（りょうこう）な関係（かんけい） 不良（ふりょう）

漢字物語

両端（りょうはし）の開（ひら）いている袋（ふくろ）の一方（いっぽう）から穀物（こくもつ）に風（かぜ）を送（おく）って、悪（わる）い（軽（かる）い）実（み）を飛（と）ばし、良（よ）い実（み）だけを選（えら）ぶ道具（どうぐ）の形（かたち）を表（あらわ）します。

もっと知りたい漢字の話

225
（N3／常用）
54 行 1 列

く タ 女 女' 女ㄅ 女ㄅ 女ㄅ 妒 娘 娘

娘

むすめ

意味
むすめ

用例
娘

漢字物語
右側の「良」は音読みを表しますが、日本語では「娘」の音読みは使いません。

もっと知りたい漢字の話
もとの字は「嬢（孃）」です。葬式の時、亡くなった人の衣服の胸の中に、祈りの器の「口」や「エ」を入れました。「襄」は、その死者の胸が膨らんだ形を表します。それで、「嬢（孃）」は「胸の膨らんだ女」を表します。「娘」という字は隋や唐の時代（7〜9世紀頃）から使われるようになった新しい漢字です。

226
（N5／2年）
38 行 47 列

ノ 人 今 今 今 食 食 食

ショク
ジキ

食

た（べる）
く（う）

意味
たべる

用例
食べる　食べ物　食う　食事　朝食　昼食
夕食　食堂

漢字物語
食器とその蓋の形を表します。パーツとして左側に使うときは「飠」と書きます。

もっと知りたい漢字の話

118

` ′ 𠄌 𠄌 氏`

シ

氏

うじ

意味
うじ

用例
田中氏　氏名　氏族　氏神

漢字物語
ナイフ（小刀）の形です。氏族の祭りの最後には、氏族全員で食事をしました。その時、族長が、昔から受け継いできたナイフで、神に捧げた動物の肉を切り分けたのです。それで、そのナイフが氏族を象徴するようになりました。

もっと知りたい漢字の話
古代中国の氏族制度は、先祖を祭る儀式と氏族の食事会（共餐）によって維持されました。

`く 纟 纟 纟 糸 糸 紅 紅 紙`

シ

紙

かみ

意味
紙

用例
白い紙　新聞紙　再生紙　コピー用紙

漢字物語
昔は、綿や木の皮や麻などの繊維で紙を作りました。それで「糸」のパーツが使われているのです。音読みは「氏」と同じです。

もっと知りたい漢字の話
紙は、2世紀初め（後漢時代）ごろ、蔡倫という人が発明したといわれています。蔡倫は「紙すき」の方法で優れた紙を作りました。蔡倫が発明した紙は「蔡倫紙」とか「蔡侯紙」と呼ばれ、その製法は、751年のタラスの戦争（唐とイスラム軍の戦争）で唐の捕虜からアラブ世界に伝わり、さらにヨーロッパ世界に伝わったといわれています。

く　女　女　女゙　女゙　女゙゙　妖　婚

意味

けっこん

用例

婚約　結婚する　新婚　未婚　再婚　離婚

コン

婚

漢字物語

「昏」は氏族を象徴するナイフの「氏」と「日」で「くらい、夕方」の意味です。古代の結婚式は、暗くなって行われました。「婚」は女（嫁）を迎えて氏族が結婚式と食事会を行うことを表します。結婚式は氏族の神に嫁を受け入れてもらう儀式なのです。「昏」は読み方を表します。

もっと知りたい漢字の話

結婚を表す「婚」は「昏」（くらい）と「女」を合わせて、現在も中央アジアで行われているような、嫁をさらう略奪婚を表すという説もありますが、太古の漢字には、杯に酒を酌む形の字もあるので、結婚式を表すと考えられます。

ノ　イ　イ゙　化　仾　低

意味

ひくい

用例

低い山　最低気温　品質が低下する

テイ

低

ひく（い）

漢字物語

「氏」は、ナイフなどの道具で底を平らに削ることを表します。それと「人」を合わせて、体を低くして働く人を表し、「ひくい」の意味です。

もっと知りたい漢字の話

建物の底面の土を平らにすることを表すのが「底」です。

231
（N2／2年）
8行29列

ノ ク ク 角 角 角 角

意味
つの　かど

用例
牛の角　角を曲がる　三角　四角形　直角

カク

角

つの
かど

漢字物語
牛の角の形を表します。

もっと知りたい漢字の話

232
（N2／2年）
9行15列

一 ニ 三 毛

意味
毛

用例
髪の毛　毛髪　毛布

モウ

毛

け

漢字物語
犬などの尾（しっぽ）の毛の形を表します。

もっと知りたい漢字の話
草も毛に似ているので、「不毛の地」（草も生えない土地）など、草の意味で使うこともあります。

121

233
（N4／3年）
8行48列

、 丶 氵 沪 沪 泮 泮 洋 洋

意味
海　外国　ヨーロッパ

用例
西洋と東洋　太平洋　大西洋　インド洋

ヨウ

洋

あらわ

漢字物語
羊を放牧する大草原のような広い水、つまり海を表します。「羊」が読み方を表します。

もっと知りたい漢字の話
太古の漢字には羊を洗う形もあるようです。羊を洗った大河や湖を「洋」と言ったという説もあります。

234
（N3／3年）
8行50列

、 丶 ソ ソ 丷 羊 羊 羊 美 美

意味
うつくしい

用例
美しい人　美人　美容院　美術館

ビ

うつく（しい）

漢字物語
羊の前足を持ち上げて「大」の字の形にして腹側から見た全身の形を表します。羊は儀式のとき、神に捧げて殺されました。神に捧げる羊は、病気や傷がなく、太って美しくなければならないので、「うつくしい」の意味になりました。

もっと知りたい漢字の話
「大」の下に「羊」を書いて「辶」と合わせた字が「達」で、羊の出産を表します。羊の出産がスムーズで、すぐに子羊が歩き出すので「達成する」の意味になりました。「善」は神に「羊」を捧げて行う裁判で、神から「よい、ただしい」と認められることを表します。また「義」は、「羊」と「我」（のこぎり）を合わせて、神に羊を捧げて解体することを表します。それは「ただしいこと」という意味です。

235
(N3/常用)
20行31列

一 コ 尸 尹 尸 屋 犀 遅

チ

遅

おそ（い）
おく（れる）

意味
おそい　おくれる

用例
遅い　電車に遅れる　授業に遅刻する

漢字物語
「尸」（尻）と「羊」と「辶」（行く）を合わせて、尻の大きい太った羊をイメージしましょう。もとの字は「犀」と「辶」を合わせた字です。古い字書（説文解字）に「犀」は「豚に似ている」と書かれているので、「太っていて遅い」イメージがあったのでしょう。

もっと知りたい漢字の話
さらに古い太古の漢字（甲骨文字、金文）では「羊」や「犀」ではなく「辛」を書きました。「辛」は入れ墨用の針、「尸」は尻を表すので、合わせると、後ろから針（辛）で尻を刺す刑罰を表します。その刑罰を受けて歩行が困難になることが「遅」だったのです。

236
(N3/2年)
12行7列

口 口' 叮 叩 咟 咟 鳴 鳴 鳴

メイ

鳴

な（く）
な（る）

意味
動物がなく　音がなる

用例
鳥が鳴く　電話が鳴る　悲鳴

漢字物語
「くち」と「鳥」で「なく」と覚えれば簡単なのですが、本当は、この「口」は「くち」ではなく、祈りの文（祝詞）を入れる器（口）なのです。だから、「鳴」は神に尋ねて祈り、その答えを鳥の鳴き声で占ったことを表します。

もっと知りたい漢字の話
古代、鳥は神の化身（姿を変えたもの）と信じられていたので、神に質問をして、その答えを聞くとき、シャーマン（Shaman、呪術師）は、鳴き声や鳥の数や飛び方などで占ったりしたのです。

237
（N2/3年）
12行8列

 嶋島

ノ イ ｆ ｆ 鳥 鳥 島 島

意味
しま

用例
小さい島　小島　ハワイ島　半島

トウ

島

しま

漢字物語
海鳥が集まっている島（海の中の山）を
表します。

もっと知りたい漢字の話

238
（N4/3年）
12行22列

隹隹隹 集

ノ イ ｆ ｆ 朴 朴 隹 隹 集

意味
あつまる

用例
集まる　集める　集合する　集金する

シュウ

集

あつ（める）
つど（う）

漢字物語
鳥を表す「隹」と「木」で、木に鳥が集
まることを表します。鳥が集まること
も占いに使われ、希望が実現する「良
い」印と考えられました。

もっと知りたい漢字の話
古い漢字は「木」の上に「隹」を三つ書いて「あ
つまる」意味を表しました。

239
(N3/3年)
12行11列

ノ イ イ 尓 仁 倠 倠 進

意味

すすむ

用例

進む　大学に進学する　先進国

シン

進

すす（む）

漢字物語

「隹」（鳥）と「辶」（行く）を合わせた字です。軍隊が前に進んだほうがいいか後ろにさがったほうがいいか、鳥で占いました。「進」は、その占いの結果が「進む」だったことを表します。

もっと知りたい漢字の話

240
(N4/2年)
12行42列

日 日 日 日 胆 胆 曙 曜

意味

ひかる　かがやく　星

用例

月曜日　日曜日

ヨウ

曜

漢字物語

美しい鳥が羽ばたくことを表す「翟」と「日」を合わせて、日が光り輝くことを表します。太陽が、羽ばたくように強い光を送って輝くのです。

もっと知りたい漢字の話

水鳥が羽ばたいて、水（氵）で羽を「あらう」のが「洗濯」の「濯」です。「足」と合わせると、羽ばたいてジャンプする「跳躍」の「躍」になります。

241

 飛

ヘ 飞 飞 飞 飛 飛 飛

意味

とぶ

用例

飛ぶ　飛行機（ひこうき）　飛行場（ひこうじょう）

ヒ

飛

と（ぶ）

漢字物語

飛（と）ぶ鳥（とり）の形（かたち）です。

もっと知りたい漢字の話

242

 水魚

氵 氵 氵 漁 漁 漁

意味

魚（さかな）をとる

用例

漁業（ぎょぎょう）　漁民（ぎょみん）　漁船（ぎょせん）　漁港（ぎょこう）

漁（りょう）をする人（ひと）　漁師（りょうし）

ギョ

リョウ

漢字物語

水（みず）の中（なか）の魚（さかな）を表（あらわ）し、その魚（さかな）をとることを表（あらわ）します。

漁

もっと知りたい漢字の話

243
（N2／常用）
60 行 16 列

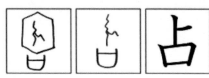

ｌ ト ⼘ 占 占

セン

占

うらな（う）
し（める）

意味

うらなう　しめる

用例

未来を占う　上位を占める　占領する
独占する　独占企業

漢字物語

「⼘」は、亀の甲羅の裏に、火を置いて
できるひび割れの形を表します。「口」
は、祈りの文を入れる器を表します。
「⼘」と「口」を合わせて、亀の甲羅の
裏に、火を置いてできるひび割れの形
で占うことを表します。

もっと知りたい漢字の話

神に質問をして答えを聞くとき、シャーマン
（Shaman、呪術師）は神に祈って占いをしまし
た。その占いには鳥を使ったり亀の甲羅を使った
りしたのです。

244
（N5／2年）
60 行 12 列

ノ ク タ 外 外

ガイ
ゲ

外

そと
ほか
はず（す）

意味

そと　はずす

用例

家の外　その外　めがねを外す　外国　外科医

漢字物語

肉を表す「夕（月）」と占いを表す「⼘」
を合わせて、亀の外側の甲羅を外して、
とることを表します。それで「外」に
は「はずす」や「そと」の意味がありま
す。亀の甲羅は占いに使いました。

もっと知りたい漢字の話

神に質問をして、その答えを聞くとき、シャーマ
ン（Shaman、呪術師）は神に祈って占いをしま
した。その占いの結果が神の答えだと信じたので
す。いろいろな占い方の中に、亀の甲羅の裏に火
を置いて、できるひび割れの形で占う方法もあ
ったのです。

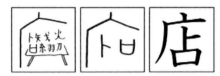

245

（N4 / 2年）

60 行 17 列

テン

店

みせ

`, 广 广 店 店`

意味

みせ

用例

みせ　ばいてん　きっさてん
店　売店　喫茶店

漢字物語

　占いをする儀式では、いろいろな道具を使いました。それらを置く台を建物の隅につくりました。「店」はその台のある場所を表しましたが、それが商品を並べている店に似ていたので、「みせ」の意味になったと考えられています。

もっと知りたい漢字の話

「占」をパーツとして使う漢字は「店」や「点」のように多くは「テン」と読みます。

246

（N3 / 2年）

60 行 18 列

テン

点

`1 卜 占 占 点 点 点`

意味

てん
点　火をつける

用例

てん　せん　ようてん　まんてん　　　　てんすう　てんか
点と線　要点　満点　テストの点数　点火する

漢字物語

　亀の甲羅に火（灬）を置いて占った後にできる、黒くこげた点を表します。

もっと知りたい漢字の話

247
(N2/常用)
14 行 15 列

雫 霏 霏 霏 霏 震 震 震

シン

震

ふる（える）

意味

ふるえる

用例

震える　震動する　地震　震度　震源地

漢字物語

「辰」は貝（ハマグリ）の足が出て動く形を表します。パーツの「雨」は「天気」を表しますから、合わせると、地震や雷で、いろいろな物が「震動する」ことを表します。

ハマグリという貝も占いに使われました。その貝の肉は神に捧げられ、貝殻で器が作られました。

もっと知りたい漢字の話

ハマグリの足を表す「辰」から、いろいろな漢字ができました。手を貝の足のように動かすのが、「手を振る」ときの「振」、お腹の中で赤ちゃんが貝の足のように動くのが「妊娠」の「娠」、貝の足のようによく動く「唇」、貧しい人を助けるためにお金（貝）を振りまくことを表す「賑やか」の「賑」、土を耕す「農業」の「農」などです。

248
(N2/3年)
14 行 22 列

曲 曲 严 严 声 農 農 農

ノウ

農

意味

農業

用例

農業　農家

漢字物語

もとは、「田」と「辰」を合わせた字でした。「田」と砂を掘る貝の足の「辰」を合わせて、田を耕すことを表します。今の漢字は「田」ではなくて「曲」を書きます。

もっと知りたい漢字の話

「農」の「辰」は、貝殻で作った農具を表すという考えもあります。

ノ 几 几 同 同 風 風

フウ

風

かぜ

意味
かぜ

用例
強い風 強風 台風

漢字物語
「凡」と「虫」（No.33）を合わせた字です。「凡」は舟（帆）や盤の形を表し、「はこぶ、移動する」の意味があります。「虫」は蛇などを表し、ここでは「竜」を表します。古代、天（空）には竜がいて、「風」を起こしながら移動すると信じられていました。

もっと知りたい漢字の話
天（空）に竜の神がいると信じられていたことは、「雲」（No.197）や「虹」の字からも分かります。「虹」は竜の姿が現れたものと考えられていました。それよりさらに昔は、風は神の鳥が羽ばたいて起こすと考えられていて「鳳」と書きました。

一 十 土 切 切 地

**チ
ジ**

地

意味
土地

用例
土地 地球 地震 地面

漢字物語
「也」は「它」の変形で、身をくねらせて地面を這う蛇の形を表します。「土」を合わせて、「土地」の意味です。

もっと知りたい漢字の話
「地」は新しい字で、もとは「墜」と書いていました。「墜」は神の降臨する所に豚を供えて土地の神を祭ることを表します。
「它」の変形の「也」とは別に「也」という字があります。「也」は水差しの注ぎ口の形を表します。「地」や「池」のパーツは「也」ではなく「也」であるとも言われています。

251
（N2／2年）
37 行 45 列

丶　氵　氵　汁　池　池

チ

池

いけ

意味
いけ

用例
池　電池

漢字物語
平らな地面（土）が「地」で、水面（氵）は「池」です。

もっと知りたい漢字の話
「池」というときは工事によって人工的にできたものをいうことが多いようです。

252
（N4／1年）
18 行 21 列

丶　亠　ナ　文

ブン
モン

ふみ

意味
文　文字　手紙

用例
恋文　長い文　長文　文法　文化
文字　文部科学省

漢字物語
人を正面から見た形で、胸を開いた形を表します。亡くなった人の胸に「×」や「V」などの印や模様を書いて悪霊を防いだのです。その「×」などの印を「文」といいました。

もっと知りたい漢字の話
生まれた赤ちゃんの額に「文」を書くことを表すのが「産」、男子が元服の儀式（成人式）で額にきれいな「文」を書くことを表すのが「彦」です。成人になった「かお」が「顔（顔）」なのです。

253
（N2／3年）
17 行 31 列

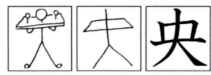

丶 冂 冂 央 央

意味
まん中 中央

用例
町の中央に広場がある 中央公園
中央病院

オウ

漢字物語
首に枷をはめた人を、正面から見たときの形です。枷は上のイメージ画のような刑罰の道具です。体の中央の首につけたので、「中央」の意味になりました。

央

もっと知りたい漢字の話

254
（N4／4年）
17 行 32 列

一 十 艹 艾 苎 苹 英 英

意味
すぐれている イギリス

用例
英才教育 英雄 英語 英国

エイ

漢字物語
草（艹）の中央の美しい花を表します。それで「すぐれている」の意味があります。

英

もっと知りたい漢字の話
「央」はパーツで使うとき、「英」や「映」のように「エイ」と読みます。また、イギリスはポルトガル語で「Inglez」ですが、その発音を漢字で「英吉利」と書きました。それで「英国」というようになりました。

132

日 日 旳 旳 映 映

エイ

映

うつ（す）
は（える）

意味

映す　映える

漢字物語

体の中央部の胴体や草の中央部の花
が、日光（日）に照らされて、よく見え
ることを表します。

用例

映画を映す　映画を上映する
雪の上で赤いシャツが映えて見える

もっと知りたい漢字の話

一 二 チ 夫

フ
フウ

夫

おっと

意味

おとこ　おっと

漢字物語

男が正装した形を表します。男の
人が正装するときは、髷を結って簪
を横に通しました。「夫」はその形を表
します。

用例

妻と夫　田中夫妻　山田夫人　丈夫な　農夫
二人は夫婦だ

もっと知りたい漢字の話

同じように、女の人が正装して、髪を結って簪
を右手で挿している形が「妻」です。結婚式で
正装した男女を「夫妻」といいます。

133

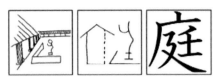

庭　　　　　　　　　丶　亠　广　广　庐　庐　庭　庭

意味
にわ
庭

テイ

庭

にわ

漢字物語
屋根を表す「广」と「廷」を合わせた字です。「廷」は、儀式で祈りの器を高く捧げている人の形を表す「壬」と儀式の場所を区切る境界線を表す「廴」を合わせた字で、儀式を行う「にわ」を表します。「广」は屋根を表すので、「庭」は中庭のことでした。今は、どんな「にわ」でも「庭」と書きます。

用例
ひろ　にわ　かてい
広い庭　家庭

もっと知りたい漢字の話
もとは、中庭が「庭」で、外の広い庭が「廷」でした。それで、建物の中の裁判所を「法廷」と書くのは、少し変なのです。また、皇帝の政府は、朝、太陽が昇る時に、にわ（廷）で儀式を行って政治をしました。それで、皇帝の政府を「朝廷」といいます。

重　　　　　　　　　一　二　亠　盲　重　重　重

意味
おも
重い　かさねる

ジュウ
チョウ

重

おも（い）
かさ（ねる）
え

漢字物語
「東」と「土」を合わせた字です。「東」は両端を結んで使う袋の形で、米などを入れました。日本の俵も同じ使い方の袋です。「重」は米などの重さを量ることを表します。

用例
おも　かさ　たいじゅう　じゅうよう　きちょうひん
重い　重ねる　体重　重要　貴重品

もっと知りたい漢字の話
「重」の上に、米の注ぎ口を書いたのが「量」です。分量を量ることを表す字です。

二 盲 車 重 動 動

ドウ

動

うご（く）

意味
うごく

用例
動く　自動車　運動する　動物

漢字物語
「重」と「力」を合わせた字です。「力」は農具の粗を表すので、「動」は田を耕すことを表します。農業で体を動かして働く意味です。

もっと知りたい漢字の話
もとの漢字は、「重」ではなくて「童」を書きました。「童」は奴隷を表すので、「動」は奴隷が農業で働かされることを表しました。「はたらく」意味の「働」という字は日本で作られた漢字です。

重力働

イ 亻 仨 俥 俥 働 働

ドウ

働

はたら（く）

意味
はたらく

用例
働く　労働者　労働時間

漢字物語
「動」に「人」を加えて「はたらく」意味の漢字が作られました。この「働」という字は日本で作られましたが、今は中国でも使われています。

もっと知りたい漢字の話

261
（N5／1年）
32行13列

一 屮 屮 出 出

シュツ

出

で（る）
だ（す）

意味

でる　だす

漢字物語

足を踏み出すときの踵の跡（凵）と足の形です。出発する足のイメージを表したのです。

用例

出る　出す　出口　外出する　流出する
出国する　出発する　出席する

もっと知りたい漢字の話

262
（N4／2年）
14行2列

一 十 士 丰 声 声 売

バイ

売

う（る）

意味

うる

漢字物語

商品を買い入れるのが「買」なので、売り出すのは「買」の上に「出」（「士」に変形しました）を書いて、「賣」と書きました。常用漢字では「賣」の上半分（「出」と「罒」）だけ書いて「売」と書きます。

用例

車を売る　土地を売買する　駅の売店
父は商売をしている

もっと知りたい漢字の話

263
(N3/4年)
14行7列

績 続

く ㄠ ㄠ 糸 結 続 続 続 続

意味

つづく

用例

続く 続ける 連続

ゾク

続

つづ（く）

漢字物語

糸が続くことを表します。

もっと知りたい漢字の話

「続」の古い字は「續」と書きます。「續」の右の
パーツ「賣」は「賣（売）」とは違う字で、お金
（貝）で罪をつぐなうことを表します。贖罪の
「贖」や冒涜の「涜」と同じ系統の字です。

264
(N5/2年)
14行5列

讀 読

言 言 訐 訐 詩 詩 読

意味

よむ

用例

本を読む 読書 読解力がある 読点

ドク
トウ

読

よ（む）

漢字物語

神との約束（言）をみんなの前で読むこ
とを表します。

もっと知りたい漢字の話

もとの字は、言葉を表す「言」と「続（續）」の
右のパーツと同じ「賣」を合わせた字です。「読
（讀）」は、誓いの言葉や王の任命書を、シャー
マン（Shaman、呪術師）や役人が、みんなの前で
読むことを表します。

137

265
（N1/常用）
16 行 43 列

ノ クク 各各 名 争免

メン

免

まぬが（れる）

意味
まぬがれる（まぬかれる）　ゆるす

用例
税金を 免れる　免税店　免許

漢字物語
冑を脱ぐ形を表します。「ぬぐ、まぬがれる」の意味です。音読みは「メン」ですが、パーツで使ったときは、「ベン」や「バン」に変わります。

もっと知りたい漢字の話
「免」の古代の字は、冑を脱ぐ形のほかに、赤ちゃんを産む（分娩する）形を表す字があります。二つは別の字でしたが、のちに同じ字として使われるようになりました。重い冑を脱いで軽くなるのと、お腹の赤ちゃんを産んで軽くなるのは、よく似ているのでしょう。それで、「赤ちゃんを産む」意味の「娩」という字もあります。

266
（N4/3年）
16 行 44 列

ノ クク 各各 名 争免 勉

ベン

勉

意味
がんばる

用例
毎晩おそくまで勉強する　勤勉な人

漢字物語
「力」は農具の耜ですから、農業の仕事で「がんばる」ことを表します。

もっと知りたい漢字の話
「勉」は「がんばる」意味ですから、この「免」は出産（分娩）を表す字と考えられます。

267
(N3/6年)
16行45列

日 日' 日'' 日'' 昀 昀 晩 晚 晩

意味
ばん（夕方から夜の早い時間）

用例
晩ごはん　今晩　晩年

バン

漢字物語
太陽（日）が仕事を終えて「冑を脱ぐ」イメージです。太陽が仕事から免れて「晩」になるのです。

もっと知りたい漢字の話

晩

268
(N3/2年)
19行2列

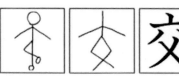

丶 亠 亠 六 亣 交

意味
まじわる　交流する

用例
交わる　あいさつを交わす　みんなに交じる
外交官　文化交流　交通規則

コウ

漢字物語
足を組んでいる人を正面から見た形です。

もっと知りたい漢字の話

まじ（わる）
ま（じる）
か（わす）

（N5／1年）
19行3列

オ　オ゛　ガ　栌　栌　栌　校

コウ

校

意味
<ruby>学校<rt>がっこう</rt></ruby>

用例
<ruby>学校<rt>がっこう</rt></ruby>　<ruby>登校<rt>とうこう</rt></ruby>　<ruby>下校<rt>げこう</rt></ruby>　<ruby>校長<rt>こうちょう</rt></ruby>　<ruby>母校<rt>ぼこう</rt></ruby>
<ruby>小学校<rt>しょうがっこう</rt></ruby>　<ruby>中学校<rt>ちゅうがっこう</rt></ruby>　<ruby>高校<rt>こうこう</rt></ruby>

漢字物語
「木」と「交」を合わせて、上のイメージ画のように、屋根の木が交わって上に出ている建物を表します。日本の神社にも同じような建物がありますね。昔、その建物に男の子を集めて、儀式や祭りについて教えました。「校」は学校の建物（校舎）という意味です。

もっと知りたい漢字の話
上の絵のように、屋根から木が交わって空に突き出ている建物を「千木造り」といいます。日本の神社でもよく見られますが、神殿などの重要な建物は千木造りでした。古代、その建物に、氏族の男児を集めて、氏族の伝統的な儀式や祭りについて教えたのです。それで「学校」の「学（學）」にも、「教える」の「教」にも千木造りの屋根の形を表す「爻」のパーツがあるのです。

（N3／6年）
19行35列

ノ　ク　ク　产　产　危

キ

危

意味
あぶない

用例
<ruby>車<rt>くるま</rt></ruby>が<ruby>多<rt>おお</rt></ruby>くて<ruby>危<rt>あぶ</rt></ruby>ない　<ruby>危険<rt>きけん</rt></ruby>な<ruby>場所<rt>ばしょ</rt></ruby>
<ruby>戦争<rt>せんそう</rt></ruby>の<ruby>危機<rt>きき</rt></ruby>

漢字物語
「厂」は<ruby>崖<rt>がけ</rt></ruby>を<ruby>表<rt>あらわ</rt></ruby>すので、「危」は、崖の<ruby>上<rt>うえ</rt></ruby>に<ruby>人<rt>ひと</rt></ruby>がいるのを、<ruby>下<rt>した</rt></ruby>から<ruby>見<rt>み</rt></ruby>ている<ruby>形<rt>かたち</rt></ruby>です。

もっと知りたい漢字の話
<ruby>古代<rt>こだい</rt></ruby>、<ruby>崖<rt>がけ</rt></ruby>（厂）の上には<ruby>神<rt>かみ</rt></ruby>がいると<ruby>考<rt>かんが</rt></ruby>えられていたので、そこに<ruby>登<rt>のぼ</rt></ruby>るなんて<ruby>恐<rt>おそ</rt></ruby>ろしいことだったのです。

あぶ（ない）
あや（うい）

271
(N3/常用)
19 行 14 列

ゲイ

迎

むか（える）

ノ ヒ ロ 叩 叩 迎

意味
むかえる

用例
迎える　歓迎する

漢字物語
「卬」は左が立っている人、右の「卩」が跪く人を表します。それに「辶」を合わせて、来た人を跪いて迎えることを表します。

もっと知りたい漢字の話
「卬」は立っている人と跪く人が向かい合った形を表すので、跪く人から見れば「仰ぐ」、立っている人は手（扌）で跪く人を「抑える」ことになるのです。

272
(N4/2年)
19 行 42 列

ショク
シキ

色

いろ

ノ ク 夕 名 名 色

意味
セックス　いろ

用例
色気　顔色が悪い　茶色　特色　色素

漢字物語
恋人を後ろから抱いた形を表します。恋する気持ちは顔色に表れるので、「いろ」の意味にもなりました。「巴」も「ク」も人の形を表します。

もっと知りたい漢字の話
「巴」は「卩」と同じで、跪く人の形です。「色」は人（巴）と人（ク）が重なる形で、性行為を表します。

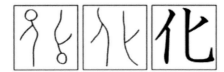

273
（N3／3年）
20 行 14 列

カ
ケ

化

ば（ける）

意味
はな
ばける　変化する

用例
化ける　メールが文字化けする　変化する　化学

漢字物語
「人」と「七」を合わせた字です。「七」
は「人」を逆さまに書いた字で、亡くな
った人（死者）を表します。「化」は生
から死への変化を表します。

もっと知りたい漢字の話

274
（N4／1年）
20 行 15 列

カ

花

はな

意味
はな
花

用例
桜の花　花屋　花火　生け花　花びん　造花

漢字物語
草（艹）が変化（化）して美しい花が咲
くことを表します。音読みは「化」と同
じです。

もっと知りたい漢字の話
「花」のもとの字は「華」です。「華」は花びらが
たくさんある大きい花の形を表します。「花」
の字は5世紀頃、新しく作られました。

275
（N2/5年）
20 行 19 列

ー　ヒ　ヒ　比

ヒ

比

くら（べる）

意味
くらべる

漢字物語
右を向いた人を二人並べた形です。
「ならぶ、くらべる」の意味です。

用例
長さを比べる　二つのものを比較する
量と重さは比例する

もっと知りたい漢字の話
「比」のパーツ「匕」（右を向いた人の形）と「化」
のパーツ「匕」（逆さまの人の形）は別の字です。

276
（N3/常用）
20 行 23 列

ー　ヒ　ヒ　比　皆

カイ

皆

みな

意味
みな

漢字物語
もとは「比」と「曰」を合わせた字です。
「曰」は、祈りの文（祝詞）を入れた器
ですから、神を招くために祈ることを
表します。「皆」は、その祈りで、大勢
の神が天（空）から並んで（比）降りて
くることを表します。今は「曰」を「白」
と書きます。

用例
皆さん　皆無　皆勤

もっと知りたい漢字の話

143

３ β β⁻ βⁿ βⁿ βⁿ 階

意味
かいだん　たてもの　かい
階段　建物の階

用例
かいだん　にかい
階段　二階

カイ

階

漢字物語
「皆」は、天から神が並んで降りてくる
ことを表し、「阝」は、神が降りてくる
時に使う階段を表すので、合わせて、
神の階段を表します。今は、建物の階
の意味でも使います。

もっと知りたい漢字の話

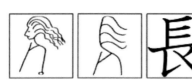

１ ｜ Ｆ Ｅ 長 長 長

意味
だいひょうしゃ
ながい　代表者

用例
なが　かみ　なが　じかん　ちょうじかん　ちょうじょ　しんちょう
長い髪　長い時間　長時間　長女　身長
こうちょう　がくちょう　しゃちょう
校長　学長　社長

チョウ

なが（い）

漢字物語
しぞく　ちょうろう　すがた　あらわ
氏族の長老の姿を表します。長老は
なが　かみ　ひげ　は
長い髪や髭を生やしていたので、「なが
い」意味になりました。そして、長老は
しぞく　だいひょう　しゃちょう
氏族の代表なので「社長」のように
だいひょうしゃ　いみ
「代表者」の意味にもなりました。

もっと知りたい漢字の話

279

（N2／2年）
49 行 11 列

    ノ 九 丸

意味

まるい　たま

用例

丸い　弾丸

ガン

丸

まる（い）

漢字物語

矢ではなく丸い石などを飛ばす弓の形
を表します。

もっと知りたい漢字の話

280

（N3／3年）
21 行 44 列

 　 ´ ´ ′ ′ ′ 身 身 身

意味

からだ

用例

身分証明書　身体検査　私自身　身長

シン

身

み

漢字物語

妊娠してお腹の大きくなった人を横か
ら見た形です。

もっと知りたい漢字の話

`丶 宀 灾 安 安`

アン

安

やす（い）

意味
あんしん　やす
安心　安い

漢字物語
　「宀」は廟（先祖を祭った神社）の屋根の
形を表します。「安」は、ほかの氏族か
ら来た嫁（女）が、夫の先祖にお参りす
る儀式を表します。その儀式で、夫の
先祖の霊に受け入れられ、守ってもらえる
ので、嫁は安全で安心できるのです。

用例
やす　　　あんぜん　いえ　あんしん　　へいあん　せいかつ
安いりんご　安全な家　安心する　平安な生活

もっと知りたい漢字の話

`一 一 一 一 西 西 要`

ヨウ

要

い（る）

意味
じゅうよう　ひつよう
重要　必要

漢字物語
　「女」の腰を表します。腰は、女性の
体で、とても重要なので、「重要、
大切」の意味になりました。

用例
い　　ひつよう　　ふよう　もの　じゅうよう
要る　必要な　不要な物　重要なこと

もっと知りたい漢字の話

283
（N2／常用）
22 行 15 列

肉 要 腰 □

月　月　月要　月要　腰

意味
こし

用例
腰が痛い　腰痛

ヨウ

腰

こし

漢字物語
「要」は女性の腰を表しますが、「重要」の意味で使うようになりました。それで、「月」（肉）を加えて、「腰」の字を作りました。

もっと知りたい漢字の話

284
（N4／1年）
22 行 28 列

 字 □

丶　宀　宀　字　字

意味
文字

用例
文字　数字　漢字

ジ

字

あざ

漢字物語
子供が生まれると、先祖の霊を祭った廟（宀）にお参りして、家族の一員になる儀式を行います。そのとき、子に名前をつけました。それが「字」なのです。現代でも、日本の神社や教会などで、同じような儀式をします。

もっと知りたい漢字の話
古代の中国では、名前をつけるとき、実名（本当の名前）のほかに通名（日常使う名前）もつけました。実名は神にもらった名前で、とても大切だったので、日常生活では通名が使われました。通名を「あざな」といい「字」と書きました。

285
（N3／4年）
22 行 29 列

 好

く　タ　女　好　好　好

意味
すきな　よい

用例
好き　好む　好意をもつ　好調

コウ

好

す（き）
この（む）

漢字物語
「女」（母）が「子」を抱く 形 を 表します。母と子の気持を 表 して「好き」の意味です。また、好ましい（気持よく感じる）ので、「よい」の意味もあります。

もっと知りたい漢字の話

286
（N3／3年）
23 行 19 列

一　ア　ア　万　而　而　面

意味
かお　仮面　平面

用例
面長の顔　仮面　平面　正面　面積

メン

面

おもて
おも
つら

漢字物語
顔（頁）に面（□）をつけた 形 です。現代でも、神社の祭りのとき、仮面をつけて踊ります。「面」は顔（顔面）の意味でも使います。

もっと知りたい漢字の話

287
（N3／2年）
23 行 21 列

  首

、丷丷产芦首

意味
くび　一番（いちばん）

用例
首（くび）　首位（しゅい）　首相（しゅしょう）　首都（しゅと）

シュ

首

くび

漢字物語
髪（かみ）の毛（け）が乱（みだ）れた首（くび）（頭部（とうぶ））の形（かたち）です。

もっと知りたい漢字の話
首（くび）には強（つよ）い霊力（れいりょく）（神（かみ）の力（ちから））があると考（かんが）えられていたので、道（みち）を清（きよ）めて安全（あんぜん）にするために、異族（いぞく）の人（ひと）の首（くび）を使（つか）って儀式（ぎしき）をしました。「頁」は髪（かみ）をきれいに結（ゆ）った上半身（じょうはんしん）を表（あらわ）し、「首（くび）」は切（き）り落（お）とした頭部（とうぶ）を表（あらわ）し、また、喉（のど）の部分（ぶぶん）も表（あらわ）します。

288
（N4／2年）
23 行 22 列

  道

、丷丷产芦首首道

意味
みち

用例
道（みち）　道路（どうろ）　車道（しゃどう）　歩道（ほどう）　鉄道（てつどう）　水道（すいどう）
弓道（きゅうどう）　柔道（じゅうどう）　茶道（さどう）

ドウ
トウ

道

みち

漢字物語
「首（くび）」と「辶（しんにょう）」を合（あ）わせて、「首（くび）」で祓（はら）い清（きよ）めて行（い）く（辶）「道（みち）」を表（あらわ）します。自分（じぶん）の氏族（しぞく）の土地（とち）の外（そと）は、氏族（しぞく）の神（かみ）の力（ちから）が及（およ）ばないので、悪霊（あくりょう）がいて病気（びょうき）や事故（じこ）を起（お）こすと考（かんが）えられていました。それで、氏族（しぞく）の土地（とち）の外（そと）に出（で）たときは、道（みち）を祓（はら）い清（きよ）めながら行（い）きました。祓（はら）い清（きよ）めて通（とお）れるようになった所（ところ）を「道（みち）」といいました。

もっと知りたい漢字の話
「道（みち）」は「首（くび）」を使（つか）って祓（はら）い清（きよ）めますが、動物（どうぶつ）（尤）を使（つか）って祓（はら）い清（きよ）めるのが「術（じゅつ）」という字（じ）です。「術（じゅつ）」は特（とく）に十字路（じゅうじろ）（行）で行（おこな）われました。「術（じゅつ）」は儀式（ぎしき）の「しかた、方法（ほうほう）」の意味（いみ）になりました。「導（みちび）」は、手（て）（寸）に首（くび）を持（も）って祓（はら）い清（きよ）めながら導（みちび）くことを表（あらわ）します。

目 旧 県 県

意味
けん
県

用例
とどうふけん　ちばけん　ぐんまけん　けんない
都道府県　千葉県　群馬県　県内

ケン

漢字物語
「首」を逆さまにして木の枝から吊るした形を表します。悪霊を防ぐために行ったと考えられています。そのようにして守った地方を「県」といいました。
今の日本では、千葉県や長野県などの「県」に使います。

もっと知りたい漢字の話
太古の周王朝の時代（紀元前1000年頃）には、王朝が直接支配した所を「県」といいました。国の中央から遠く離れた「県」に悪霊が侵入するのを防ぐために「首」を吊るしたのです。王朝の直接の支配下にあって、逆さまに吊るされた「首」のように直接つながっているので、「県」と呼ばれたとも言われています。「県」の古い字は「縣」と書きました。「系」は木の枝から吊るした「糸」や「紐」を表します。

一 十 广 古 古 肯 直 直 真 真

意味
まこと　ほんとう

用例
まうえ　ました　しんり　しんそう
真上と真下　真理　真相

シン

ま

漢字物語
もとの字は「匕」と「県」を合わせた字です。「匕」は亡くなった人で、「県」は逆さまに吊るした首を表します。「真」は行き倒れの（旅行の途中で死んだ）人を表します。
古代の人は、死後の世界がほんとうの世界だと考えていたようで、死者を表す「真」が「ほんとう」の意味になったのです。

もっと知りたい漢字の話
旅行の途中で災難にあって死んだ人は、強い怨念を持った悪霊になると考えられ、とても恐れられました。それで、人々は行き倒れの人を慎んで鎮魂したのです。このように「真」をパーツに持つ「慎」も「鎮」も深い関係があるのです。

291
(N4／2年)
18 行 30 列

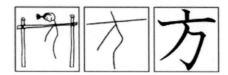

ㇷ 亠 方 方

ホウ

方

かた

意味
方向　方法（しかた）

用例
この方は先生です　方向　両方　地方　方言
方法

漢字物語
横木に吊るした死体の形を表します。それを国の境界に置いて、外から悪霊が侵入するのを防いだのです。

もっと知りたい漢字の話
「方」を、神が天の階段（阝）を降りてくる場所に置いて悪霊を防ぐのが「防」で、「方」を打って（攵）悪霊を追放するのが「放」なのです。また、敵国へ通じる道（彳）で、髪の長い巫女を打ち（攵）、敵の呪いを微弱に（少なく弱く）する儀式を表すのが「微」です。

292
(N4／2年)
23 行 39 列

丶 口 田 田 囲 思 思

シ

思

おも（う）

意味
おもう

用例
思う　思想　思考力

漢字物語
頭を上から見た形（田）と「心」を合わせて「おもう、かんがえる」の意味です。

もっと知りたい漢字の話
もとの字は「田」ではなく「囟」を書きました。

293

（N4/2年）

24 行 12 列

ジ
シ

自

みずか（ら）

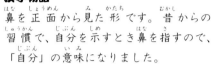

ˊ ˊ 冂 白 自 自

意味

じぶん　しぜん
自分　自然に

漢字物語

はな　しょうめん　み　かたち　　むかし
鼻を正面から見た形です。昔からの
しゅうかん　じぶん　しめ　　　はな　さ
習慣で、自分を示すとき鼻を指すので、
じぶん　　　い み
「自分」の意味になりました。

用例

しゃちょうみずか　くるま　うんてん　　かくじ　じぶん　いえ
社長自ら車を運転する　各自　自分の家
じゆう　しぜん
自由　自然

もっと知りたい漢字の話

294

（N2/3年）

24 行 13 列

ビ

鼻

はな

ˊ ˊ 冂 自 畠 畠 鼻 鼻

意味

はな

漢字物語

はな　あらわ　　じ　じぶん　　い み
鼻を表す「自」が「自分」の意味にな
はないき　おと　あらわ　び　くわ
ったので、鼻息の音を表す「畀」を加え
はな　じ　つく
て「鼻」の字を作りました。

用例

はな　たか　はなぢ　で　じびか　いしゃ
鼻が高い　鼻血が出る　耳鼻科の医者

もっと知りたい漢字の話

295
（N3／3年）
24行25列

「 T 耳 耳 取 取

シュ

取

と（る）

意味
とる

用例
免許を取る　メモを取る　テレビの取材

漢字物語
「耳」と右手を表す「又」を合わせた字です。古代、戦争で殺した敵の数を証明するため、敵の左耳を切り取りました。そのことを表す字が「取」で「とる」の意味があります。

もっと知りたい漢字の話
切り取った耳を帽子のようなものに集めたのが「最」で「いちばんの手柄」を表し、集めるとき、手で「つまみ取る」のが「撮」です。

296
（N3／2年）
24行45列

一 十 ナ ナ 古 直 直

チョク
ジキ

直

なお（す）
ただ（ちに）

意味
なおす　まっすぐ　すぐに

用例
直す　直ちに　直角　直接　正直な

漢字物語
物をまっすぐ直角に「なおす」と覚えましょう。

もっと知りたい漢字の話
ほんとうは、「直」は「省」と「乚」を合わせた字です。眉に霊力を増す飾りをつけ、隠れて見えない所（乚）から密かに祓いを行う（省）ことを表します。それで、「なおす」の意味になりました。「乚」は塀の形で「隠れる」の意味があります。

153

木　朴　朴　枯　植　植

ショク

植

う（える）

意味

うえる

用例

木を植える　植物　植林

漢字物語

「木」を「直」（まっすぐ）に立てることを表します。それで、「うえる」意味です。

もっと知りたい漢字の話

金　釘　釘　鈩　鈩　銀

ギン

意味

ぎん

用例

金銀　銀メダル　銀行　銀座

漢字物語

「金」と「艮」を合わせた字です。「艮」は、「目」の下に後ろ向きの「人」を合わせた字です。呪いをかける恐ろしい目があるので、人が前に進めず、留まったり後ろに下がったりすることを表します。「銀」のパーツの「艮」は読み方を表しますが、長持ちする（留まる）金属のイメージがあるのです。長持ちする銀は、のちにお金として使用されるようになり、銀行などの言葉ができました。

もっと知りたい漢字の話

「艮」は「目」と後ろ向きの「人」を合わせた字ですが、この「目」は「呪眼」という、人に呪いをかけ侵入を防ぐ霊力を持つ恐ろしい目を表します。それで人は呪眼を恐れて先に進めず、留まりやがて後ろを向いて引き返すのです。神が降臨する階段（梯子）のある神聖な場所（阝）に「艮」を加えると、侵入を制限する「限」になります。また、長持ちする「銀」に比べて錆びやすく、やがて消えてしまう「鉄」に「失」が使われたのも、読み方とイメージを利用した同様の作り方でしょう。「鉄」のもとの字は「鐵」で、「黒金」とも言います。

299
（N2／3年）
25 行 13 列

木 杧 杧 柨 根 根

コン

根

ね

意味
ね　もと

用例
木の根　大根_{だいこん}　病根_{びょうこん}　根本的_{こんぽんてき}な問題_{もんだい}

木の根_{き・ね}　大根_{だいこん}　病根_{びょうこん}　根本的_{こんぽんてき}な問題_{もんだい}

漢字物語
「艮」は、呪眼_{こん・じゅがん}（呪_{のろ}いをかける恐_{おそ}ろしい目_め）を怖_{こわ}がって、人_{ひと}が後_{うし}ろに下_さがることを表_{あらわ}します。「艮」と「木」で、上_{うえ}ではなく下_{した}に行_いく（下_さがる）木_きの根_ねを表_{あらわ}します。「艮」は読_よみ方_{かた}を表_{あらわ}します。

もっと知りたい漢字の話

300
（N3／4年）
25 行 21 列

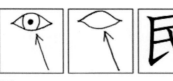

ミン

民

たみ

意味
たみ

用例
民族_{みんぞく}　国民_{こくみん}　市民_{しみん}　住民_{じゅうみん}　農民_{のうみん}　民主主義_{みんしゅしゅぎ}

一 コ ア 尸 民

漢字物語
目_めを突_つき刺_さす形_{かたち}で、神_{かみ}に奉仕_{ほうし}するために失明_{しつめい}させられた人_{ひと}を表_{あらわ}します。今_{いま}は、権力_{けんりょく}（国_{くに}）に奉仕_{ほうし}する「たみ、人民_{じんみん}」の意味_{いみ}で使_{つか}っています。

もっと知りたい漢字の話

301

（N3／常用）

25 行 22 列

眠

日　日̇　日̇́　眠　眠　眠

意味

ねむる

用例

眠い　眠る　睡眠　不眠症　冬眠する動物

ミン

眠

ねむ（る）

ねむ（い）

漢字物語

「目」と「民」で、失明させられた「民」と同じように目を閉じた状態の「ねむる」意味です。「民」は読み方（音読み）を表します。

もっと知りたい漢字の話

302

（N1／5年）

25 行 41 列

舌

一　二　千　千　舌　舌

意味

舌

用例

舌をかむ　毒舌

ゼツ

舌

した

漢字物語

口の中から出ている舌の形を表します。

もっと知りたい漢字の話

最古の漢字（甲骨文字）では先が二つに分かれているので、蛇の舌だろうといわれています。

303
(N5／2年)
40行 12列

言 ＋ 舌　話

`ミ 言 言 言 訐 話`

意味

はなす　はなし

用例

話す　面白い話をする　会話　電話

ワ

話

はな（す）
はなし

漢字物語

「舌」と「言」（ことば）を合わせて「はなす」と覚えましょう。

もっと知りたい漢字の話

もとの字は「舌」ではなく、「口」の上に「氏」を書いた「カツ」という字を書きました。「活」（水流の音）や「括」（括る）の右のパーツも同じです。この「カツ」は祝詞を入れる器（口）をナイフ（氏）で傷つけて、祈りの効力を失わせることを表し、「けずる」の意味があります。それで、「話」は誓約などを破棄する（無効にして捨てる）発言を表すのが原義（もとの意味）です。今は、すべての発言を表します。

304
(N3／4年)
41行 12列

人 ← 言　信

`ノ イ 仁 信 信 信`

意味

まこと（ほんとう）　しんじる
知らせ

用例

信じる　信用する　自信がある　信号
メールを送信する

シン

信

漢字物語

神に誓って（言）、人（イ）と約束することを表します。それで「まこと」の意味になりました。

もっと知りたい漢字の話

157

305
(N4／2年)
40行**46**列

一十古古

意味

ふるい

用例

古い家　古本　中古車　古文　古典　古代

コ

古

ふる（い）

漢字物語

祝詞を入れる器（口）に四角形の盾（干）を置いて、祈りの効果を長く保つことを表します。長い間保たれるので、「ふるい」の意味になりました。今は「干」ではなく「十」と書きます。

もっと知りたい漢字の話

最古の漢字（甲骨文字）では「口」の上に「干」（四角い盾）を書きましたが、篆文（紀元前3世紀頃の漢字）では省略して「十」と書くようになりました。「干」は「乾」と読み方が同じので、今は「ほす」の意味で使うようになりました。

306
(N3／3年)
40行**47**列

一十世芏芌苦

意味

にがい　くるしい

用例

苦い味　苦手なスポーツ　苦しい　苦労　苦痛

ク

苦

くる（しい）
にが（い）

漢字物語

「古」は読み方を表します。パーツとして「艹」（草）を使うのは、「にがな」という苦い草の意味だからです。それで「にがい」という意味になりました。

もっと知りたい漢字の話

「農耕で苦労する」意味の「劬」と同音（発音が同じ）だったので、「くるしい」という意味でも使われるようになりました。

湖　　シ ニ 汁 汁 活 湖 湖

意味

みずうみ

用例

湖　バイカル湖　びわ湖　湖水

コ

湖

みずうみ

漢字物語

「胡」は年老いた牛やペリカンや鵜など
の弛んで垂れた頸を表します。ペリカ
ンなどの口が大きく膨らんで、池のよう
になるので、「氵」（水）を加えて「大き
い池」の意味になりました。「胡」は「湖」
の読み方も表し、その読み方はさらに
「古」が表します。

もっと知りたい漢字の話

  欠　　ノ ケ ケ 欠

意味

かける

用例

皿が欠ける　欠席する　欠場する　欠員がある

ケツ

欠

か（ける）

漢字物語

「欠」は本来、欠伸する（口を開いてあ
くびをして伸びをする）人の形を表
し、「ケン」と読みます。大きく口を開け
て息を出す意味なのです。しかし、
常用漢字では「ケツ」と読んで「かける」
の意味で使います。大きく開けた口を横
から見ると欠けたように見えるからで
しょうか。

もっと知りたい漢字の話

「かける」という意味のもとの字は「缺」です。土器
を表す「缶」と「夬」を合わせた字です。「夬」
は、完全なドーナツ形ではなく一部を切り取って
途切れた玉環を手に持つ形を表します。完全
なドーナツ形の環ではなく、途切れて欠けている
ので、「かける」の意味になりました。洪水を防ぐ
ために決心して堤防を切り取り決壊させる意味の
「決」や患部を切り取って快復し快くなる意味
の「快」なども同じ仲間の漢字です。

309
（N3／3年）
15行49列

` 丶 冫 ソ ゾ 冸 次`

ジ シ

次

つ（ぐ）
つぎ

意味
つぎ　つぐ

漢字物語
人が口を大きく開けて（欠）、唾を飛ばして（二）嘆く形を表します。発音が「二」と同じなので、「第二」の意味で使うようになりました。

用例
次の駅　次回　次第に

もっと知りたい漢字の話
「次」は、口を大きく開け、唾を飛ばして、神に嘆き訴えている人の形を表します。「咨」（嘆く）のもとの字で、この「口」は祈りに使われる祝詞の器です。女性がそのようにして祈る姿を表す字が「姿」です。「次」の「冫」の代わりに「氵」を書けば「よだれ」の意味になります。

310
（N4／3年）
15行44列

` 𠆢 今 倉 倉 倉 飲 飲 飲`

イン

飲

の（む）

意味
のむ

漢字物語
口を大きく開けて（欠）、飲むことを表します。

用例
飲む　飲み水　飲料水　飲酒運転　飲食店

もっと知りたい漢字の話
もとの字は左側上に「今」、その下に「酉」、右側に「欠」を書いた字で、蓋をした酒樽と口を大きく開けた人を表します。口を大きく開けて酒を飲む意味です。

160

311
(N3/5年)
40行32列

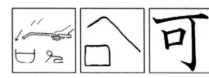

一 口 可

意味
できる　ゆるす

用例
<ruby>入学<rt>にゅうがく</rt></ruby>を<ruby>許可<rt>きょか</rt></ruby>する　<ruby>可能<rt>かのう</rt></ruby>な

カ

可

漢字物語
<ruby>祝詞<rt>のりと</rt></ruby>の<ruby>器<rt>うつわ</rt></ruby>（口）と<ruby>折<rt>お</rt></ruby>れ<ruby>曲<rt>ま</rt></ruby>がった<ruby>木<rt>き</rt></ruby>の<ruby>枝<rt>えだ</rt></ruby>（<ruby>儀式<rt>ぎしき</rt></ruby>に<ruby>使<rt>つか</rt></ruby>う<ruby>道具<rt>どうぐ</rt></ruby>）を<ruby>表<rt>あらわ</rt></ruby>します。<ruby>木<rt>き</rt></ruby>の<ruby>枝<rt>えだ</rt></ruby>で<ruby>祝詞<rt>のりと</rt></ruby>の<ruby>器<rt>うつわ</rt></ruby>を<ruby>打<rt>う</rt></ruby>ちながら<ruby>神<rt>かみ</rt></ruby>に<ruby>祈<rt>いの</rt></ruby>って、<ruby>願<rt>ねが</rt></ruby>いが<ruby>実現<rt>じつげん</rt></ruby>する（できる）ことを<ruby>表<rt>あらわ</rt></ruby>します。

もっと知りたい漢字の話

312
(N4/2年)
40行33列

一 口 可 哥 哥 哥 歌

意味
うた　うたう

用例
<ruby>歌<rt>うた</rt></ruby>を<ruby>歌<rt>うた</rt></ruby>う　<ruby>歌手<rt>かしゅ</rt></ruby>　<ruby>国歌<rt>こっか</rt></ruby>

カ

歌

うた

漢字物語
「可」を<ruby>重<rt>かさ</rt></ruby>ねた「<ruby>哥<rt>か</rt></ruby>」と「<ruby>欠<rt>けん</rt></ruby>」（No.308）を<ruby>合<rt>あ</rt></ruby>わせた<ruby>字<rt>じ</rt></ruby>です。<ruby>祝詞<rt>のりと</rt></ruby>の<ruby>器<rt>うつわ</rt></ruby>（口）を<ruby>打<rt>う</rt></ruby>ちながら<ruby>祈<rt>いの</rt></ruby>るとき、<ruby>歌<rt>うた</rt></ruby>うように<ruby>祈<rt>いの</rt></ruby>りました。その<ruby>歌<rt>うた</rt></ruby>のような<ruby>祈<rt>いの</rt></ruby>りの<ruby>声<rt>こえ</rt></ruby>を<ruby>表<rt>あらわ</rt></ruby>します。

もっと知りたい漢字の話
その<ruby>歌<rt>うた</rt></ruby>のような<ruby>祈<rt>いの</rt></ruby>りを<ruby>御詠歌<rt>ごえいか</rt></ruby>といいます。

ノ イ 亻 仁 何 何

何

なに

意味

なに

用例

それは何ですか　何時ですか　幾何学

漢字物語

戈のようなものを担う人が、声をかけられ後ろを向いて口を開けている 形 を 表 します。「なに？」の意味です。

もっと知りたい漢字の話

戈を担う（荷なう）形から、荷物の「荷」という字ができ、後ろを振り返って口を開けている 形 から「何」という字ができました。「なに」という意味は「可」から生じたという説もあります。

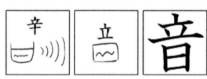

丶 亠 立 立 产 音 音

オン
イン

音

おと
ね

意味

おと

用例

うるさい音　鈴の音　小さくてよい音を音という 音楽をきく　低音と高音　母音　子音

漢字物語

「言」（No.137）と「一」を合わせた字です。神に祈って問う（言）と、神はその答えを音で教えました。シャーマン（Shaman、呪術師）はその神の音を言葉に直して、みんなに伝えたのです。

もっと知りたい漢字の話

「言」は、入れ墨用の針の「辛」と祝詞を入れる器の「口」を合わせた字です。神への祈りに嘘があれば入れ墨の罰を受けることを誓って祈ることを表します。その祈りに神は音で答えます。それを「口」（祝詞の器）の中の「一」で示して「曰」と書いたのです。シャーマンはその音の意味がわかる特別な人だと信じられていました。

315

(N3／3年)
41 行 15 列

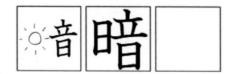

日 日' 旷 昨 昨 暗

意味
くらい

用例
暗い部屋　暗記する　暗示する　暗算

アン

暗

くら（い）

漢字物語
神は、祈りに対して音で答えました。音は見ることができないので、明るさを表す「日」と合わせて、「くらい」の意味になりました。

もっと知りたい漢字の話
「暗」のもとの字は「闇」です。祈りに対して、神が廟の門の中の暗闇から音で答えることを表します。

316

(N4／3年)
41 行 17 列

' 亠 立 立 音 意

意味
こころ　おもう

用例
意味　意見

イ

意

漢字物語
「音」と「心」を合わせて、音で示される神の心（神意）を推し量ることを表します。「こころ、推し量る、おもう」の意味があります。

もっと知りたい漢字の話
音によって示される神の心（神意）を、憶測したり、記憶したりするのが「憶」です。「億」も同じ意味でしたが、今は数の「1億、2億」の意味で使います。また、神意を推し量るときの、臆する気持ちが「臆」です。祝詞の器（口）に鉞（戉）を置いて（咸）祈りの力が増せば、神は祈りに気づきます。それが「感」です。

ノ ク タ タ 多 多

意味

おおい

用例

じんこう おお　たすう ひと　たりょう
人口が多い　多数の人　多量

タ

多

おお（い）

漢字物語

にく　　　　か　かさ　　かたち　あらわ
肉（タ）を重ねた形を表し、「おおい」
　　い み
の意味です。

もっと知りたい漢字の話

一 千 禾 禾 秒 秒 移 移 移

意味

うつす　うつる

用例

うつ　　　　つくえ　うつ　　くるま　いどう
アパートを移る　机を移す　車で移動する
だいがく　いてん　　　　がいこく　いじゅう
大学が移転する　外国に移住する

イ

移

うつ（す）

漢字物語

た　　　　こめ　　かみ　そな　　　わざわ
「多」と「禾」（米）を神に供えて、災
　　　　　　ところ　うつ　　　　　　あらわ
いをほかの所に移すことを表します。
　　　こめ　か　　おお　　　　はい
しかし、米（禾）が多くて入りきらない
　　　　ところ　うつ　　おぼ
ので、ほかの所へ移すと覚えてもいい
でしょう。

もっと知りたい漢字の話

い　　　　おお　にく　　こめ　か　　かみ　そな
「移」は、多くの肉（多）と米（禾）を神に供え
　　まつ　わざわ　　　　　　　　あらわ　　　わざわ
て祭り、災いをよそに移すことを表します。災
　　　　あくりょう　　　お　　　　かんが
いは悪霊によって起こると考えられていたの
　　かみ　そな　もの　　　　あくりょう　　　うつ　ぎしき
で、神に供え物をして、悪霊をよそに移す儀式を
おこな　　　　だい　　い　　に　　　　まさかり
行ったのです。「代」も「移」と似ていて、鉞に
びょうき　　か　　ひと　うつ　ぎしき　あらわ
よって病気などを代わりの人に移す儀式を表し
　　　まさかり　や　　　おな　　　　かみ　ちから　れいりょく
ます。鉞は矢などと同じように神の力（霊力）
　　　　　しん
があると信じられていました。

319
（N4／3年）
11 行 5 列

ノ ナ ナ 冇 冇 有

意味

ある もっている

用例

有名な人 有料道路 財産が有る 国有林

ユウ

漢字物語

手（又）に肉（月）を持って神に供える 形を表します。「もつ、ある」という 意味です。

もっと知りたい漢字の話

有

あ（る）

320
（N3／4年）
11 行 13 列

一 十 艹 艹 带 昔 苣 背 散 散

意味

ちる ちらす

用例

ガラスが飛び散る ごみを散らかす 散歩する
タクシーに分散して乗る

サン

漢字物語

干し肉のような固い肉（月）を打って （攵）、散らすことを表します。 「散」の左側上のパーツは、薄い干し肉 を何枚も重ねた形です。

もっと知りたい漢字の話

散

ち（る）

321
（N2／6年）
26 行 14 列

冂 丹 冎 咼 骨

意味
ほね

用例
骨　骨組み　骨折

コツ

骨

ほね

漢字物語
上半身の骨の形と肉（月）を合わせた字です。放置された人の上半身の骨に、まだ肉が残っていることを表します。

もっと知りたい漢字の話

322
（N3／5年）
26 行 10 列

丶 冂 冂 冎 冎 咼 咼 渦 過

意味
すぎる　すごす　あやまち

用例
通り過ぎる　通過する　過去　過ち

カ

す（ぎる）
あやま（ち）

漢字物語
「咼」は、上半身の骨と、祝詞を入れる器（口）を合わせた字で、放置された骨についた悪霊を祓う儀式を表します。骨が放置された場所を通過する（辶）時に、その儀式を行ったので、「すぎる」の意味になりました。

もっと知りたい漢字の話
「咼」（上半身の人の骨）と「示」（祭壇、神）を合わせて「禍」（わざわい）の字ができました。また、巻いた形の上半身の胸の骨に「氵」（水）を加えて、水中に引き込む「渦」（うず）の字ができました。

323
(N4/4年)
26 行 8 列

ベツ

別

わか（れる）

ロ 号 別 別 別

意味

わかれる　べつ

漢字物語

「別」の左側のパーツも人の上半身の骨の形を表します。刀（刂）を合わせて、骨の関節を刀で切り離すことを表します。今は、人が別れる意味で使います。

用例

夫と別れた　夫と死別する　区別する　差別
別の人　別人

もっと知りたい漢字の話

「別」の左側のパーツは「骨」の上のパーツ（「咼」の「ロ」のない部分）が変化した形で、上半身の骨の形を表します。

324
(N4/3年)
26 行 18 列

シ

死

し（ぬ）

一 ア ヲ タ タ 死

意味

しぬ

漢字物語

上半身の骨の半分を表す「歹」と「匕」（人）を合わせた字です。風雨に曝されて白骨化した死体の骨を集めて葬式をすることを表します。

用例

死ぬ　死亡する　死体　事故の死者　病死
急死する

もっと知りたい漢字の話

「死」の上と下に「艹」（草）を書いた「葬」は、草の上に死体を曝して白骨化させた後、その骨を集めて葬式（本葬）をすることを表します。そのような埋葬を複葬といいます。のちに草ではなく小屋に安置して風化させるようになりました。また、「列」の左側の「歹」は斬首された頭部を表し、「死」の「歹（歺）」とは別字です。

ノ ヒ 二 牛 失

意味

うしなう

用例

失う　失明する　失恋する　結婚に失敗する

シツ

失

うしな（う）

漢字物語

手から物が落ちてなくなる形と覚えましょう。

もっと知りたい漢字の話

「失」は、巫女が激しく踊りながら祈る形を表します。自分を失ったエクスタシー（ecstasy）状態になって踊り狂うのです。自分を失っているので、「うしなう」の意味になりました。互いに代わる代わる踊るのが「迭」で、「秩」の「失」は読み方を表すだけのようです。

金 金 針 鈝 鈇 鉄

意味

てつ

用例

鉄　鉄道　私鉄　地下鉄　鉄橋

テツ

鉄

漢字物語

腐食しにくい金属の「銀」に対して、腐食しやすく錆びてなくなってしまう鉄の性質から「失われる金属」のイメージで覚えれば良いでしょう。

もっと知りたい漢字の話

もとの字は「鐵」です。右側のパーツは大きな戈を表します。戈が鉄で作られるようになったので「鉄」の意味になりました。銀は「白金」、鉄は「黒金」とも呼ばれます。「鉄」は古い漢字（古文）の「銕」を書き間違えた俗字といわれています。

327
（N3／5年）
26 行 37 列

一 十 + 支

シ

支

さ さ（える）

意味

えだ　ささえる

漢字物語

木の小枝を表す「十」と、右手を表す「又」を合わせた字です。木の枝をもつ手を表します。「枝」の意味でしたが、「枝」を切って、物を支えるのに使うので、「支える」の意味になりました。

用例

支える　支柱　支持　支配　支配者　支店
支社　支流　支部

もっと知りたい漢字の話

328
（N2／5年）
26 行 38 列

木 木 村 朾 枝

シ

枝

えだ

意味

えだ

漢字物語

「支」が「ささえる」や「枝分かれしたもの」の意味で使われるようになったので、「木」を加えて「木の枝」の字ができました。

用例

木の枝　枝葉　枝葉末節

もっと知りたい漢字の話

体の「えだ」に相当する「手足」は「肢」と書きます。

169

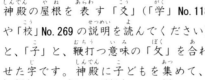

土 尹 孝 孝 孝 孝 教

意味

おしえる

用例

友だちに英語を教える　先生から日本語を教わる

教室　教科書　教会　キリスト教　仏教

イスラム教

キョウ

教

おし（える）

おそ（わる）

漢字物語

神殿の屋根を表す「宀」（「学」No.118
や「校」No.269 の説明を読んでください）
と、「子」と、鞭打つ意味の「攵」を合わ
せた字です。神殿に子どもを集めて、
長老たちが祭りや伝統などを教えるこ
とを表します。

もっと知りたい漢字の話

「攵」は、導いてコントロールするために鞭打つ
ことを表します。これに対して「殳」は、撲殺す
る（打ち殺す）ように強く打つことを表します。

木 朩 朾 枚 枚

意味

～まい

用例

一枚

マイ

枚

漢字物語

薄い平らな物を数えるときに使います。
座禅する人を打つ（攵）ときに使う、平
らな棒（警策）や競走馬を打つ平らな鞭
をイメージしましょう。

もっと知りたい漢字の話

「枚」は、木を斧で打って（攵）、削ってできた薄
い木片を表します。

331
（N3／3年）
26 行 44 列

トウ

投

な（げる）

一 十 オ 才 扔 扔 投

意味

なげる

用例

石を投げる　投石する　投手　投票する

漢字物語

「殳」は、手に槍をもって振り下ろすことを表します。「扌」（手）を加えて「なげる」の意味です。

もっと知りたい漢字の話

槍で悪霊を祓い、「投棄する」（投げ捨てる）ことを表すという説もあります。「殳」は、撲殺する（打ち殺す）ように強く打つことを表します。

332
（N3／4年）
26 行 47 列

サツ
セツ

殺

ころ（す）

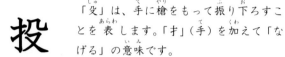

ノ メ 杀 杀 杀 殺 殺

意味

ころす

用例

人を殺す　殺人事件　自殺する

漢字物語

儀式を行って、動物（殺の左側のパーツ）を打ち殺す（殳）ことを表します。

もっと知りたい漢字の話

古代、災害や不幸なことが起きると、それは祟りのせいだと考えられました。「祟り」とは怨霊の災い（怨みを持つ霊がもたらす不幸）のことです。それをなくすために儀式を行い、祟りをもたらすと信じられていた動物（狸や狐のような獣）を撲殺した（打ち殺した）のです。

333

 行殳 役　　　ノ ク 彳 彳 彳' 彴 役 役

ヤク
エキ

役

意味
仕事　役

漢字物語
人と人が殺し合う（殳）戦争に行く（彳）こと、つまり兵役を表します。それで、「国の仕事」の意味になりました。「役人」や「役所」のように使います。

用例
兵役　現役の選手　使役形　役に立つ（役立つ）
市役所　役人　役者　映画の主役

もっと知りたい漢字の話

334

  段　　ノ ｲ ｆ ｆ 自 身 身' 段 段

ダン

 段

意味
段　等級

漢字物語
左側のパーツは打って段ができた金属の形で、「殳」は強く打つことを表すので、「段」は鍛冶屋が金属を打って鍛えることを表します。のちに、金属の板を打ってできる段の意味になりました。

用例
階段　空手二段　段落

もっと知りたい漢字の話
「段」が「だん」の意味になったので、それに「金」を加えて、金属を鍛える意味の「鍛」が作られました。

335
(N3/3年)
27 行 18 列

一 厂 厅 反

意味
反る　反対

用例
板が反る　反対する　反論する　反省する

ハン

反

そ（る）

漢字物語
手で物を反転させる形を表します。
意味は「反り返る」、「反転する」、「反対」
などです。

もっと知りたい漢字の話
神がいる崖（厂）に手（又）をかけて登り、聖域
を侵し、神に反逆することを表すという説もあ
ります。

336
(N4/4年)
27 行 19 列

 飯

ハ 今 今 食 食 食 飯 飯

意味
めし　ごはん

用例
焼き飯　ご飯　夕飯

ハン

飯

めし

漢字物語
指先ですくった御飯を、親指を反り返し
て口に入れる食べ方（インドネシアやタ
イ料理の食べ方）を表します。「ごはん」
の意味です。

もっと知りたい漢字の話

337
（N2/3年）
27 行 20 列

木 杧 杬 板 板

ばん
はん

板

いた

意味
いた
板

用例
てつ　いた　てっぱん　こくばん　はくばん
鉄の板　鉄板　黒板　白板

漢字物語
そ　かえ　き　あらわ
反り返る木を表します。

もっと知りたい漢字の話

338
（N2/3年）
27 行 23 列

土 圹 圻 坂 坂

ハン

坂

さか

意味
さか
坂

用例
きゅう　さか　さかみち
急な坂　坂道

漢字物語
そ　かえ　きゅう　とち　あらわ
反り返ったような急な土地を表します。

もっと知りたい漢字の話
さか　かみ　こうりん　さか　あらわ　せいち　いみ
「阪」は神の降臨する「坂」を表し、聖地の意味
ひだりがわ　かみ　かいだん　はしご
です。左側のパーツの「阝」は神の階段（梯子）
かたち　かみ　こうりん　せいち　あらわ
の形で、神が降臨する聖地を表します。

339
(N3/3年)
27 行 22 列

一 厂 反 反 返 返

意味
<ruby>返<rt>かえ</rt></ruby>す　<ruby>返<rt>かえ</rt></ruby>る

用例
<ruby>借金<rt>しゃっきん</rt></ruby>を<ruby>返<rt>かえ</rt></ruby>す　<ruby>返事<rt>へんじ</rt></ruby>をする　メールに<ruby>返信<rt>へんしん</rt></ruby>する

ヘン

漢字物語
<ruby>反転<rt>はんてん</rt></ruby>して<ruby>進<rt>すす</rt></ruby>むことを<ruby>表<rt>あらわ</rt></ruby>します。

もっと知りたい漢字の話
「貝」はお金を<ruby>表<rt>あらわ</rt></ruby>すので、「<ruby>販<rt>はん</rt></ruby>」はお金が<ruby>増<rt>ふ</rt></ruby>えて<ruby>返<rt>かえ</rt></ruby>ってくる<ruby>商売<rt>しょうばい</rt></ruby>のことを<ruby>表<rt>あらわ</rt></ruby>します。

返
かえ（す）

340
(N2/4年)
28 行 10 列

丶 口 口 史 史

意味
<ruby>歴史<rt>れきし</rt></ruby>

用例
<ruby>歴史<rt>れきし</rt></ruby>　<ruby>世界史<rt>せかいし</rt></ruby>　<ruby>日本史<rt>にほんし</rt></ruby>

シ

漢字物語
「中」と「又」を<ruby>合<rt>あ</rt></ruby>わせた<ruby>字<rt>じ</rt></ruby>で、<ruby>祝詞<rt>のりと</rt></ruby>を<ruby>入<rt>い</rt></ruby>れる<ruby>器<rt>うつわ</rt></ruby>（口）を<ruby>竿<rt>さお</rt></ruby>につけて（中）、<ruby>手<rt>て</rt></ruby>（又）に<ruby>持<rt>も</rt></ruby>った<ruby>形<rt>かたち</rt></ruby>を<ruby>表<rt>あらわ</rt></ruby>します。<ruby>廟<rt>びょう</rt></ruby>でこれを<ruby>捧<rt>ささ</rt></ruby>げて<ruby>先祖<rt>せんぞ</rt></ruby>の<ruby>霊<rt>れい</rt></ruby>に<ruby>祈<rt>いの</rt></ruby>って<ruby>祭<rt>まつ</rt></ruby>りを<ruby>行<rt>おこな</rt></ruby>ったのです。「史」は、その<ruby>先祖<rt>せんぞ</rt></ruby>の<ruby>祭<rt>まつ</rt></ruby>りのことでしたが、<ruby>祭<rt>まつ</rt></ruby>りを<ruby>担当<rt>たんとう</rt></ruby>する<ruby>役人<rt>やくにん</rt></ruby>や、それを<ruby>記録<rt>きろく</rt></ruby>する<ruby>役人<rt>やくにん</rt></ruby>を<ruby>表<rt>あらわ</rt></ruby>すようになりました。そしてさらに、その<ruby>記録<rt>きろく</rt></ruby>（<ruby>歴史<rt>れきし</rt></ruby>）を<ruby>表<rt>あらわ</rt></ruby>すようになったのです。

もっと知りたい漢字の話
<ruby>先祖<rt>せんぞ</rt></ruby>の<ruby>霊<rt>れい</rt></ruby>の<ruby>祭<rt>まつ</rt></ruby>りを「<ruby>内祭<rt>ないさい</rt></ruby>」といいます。「<ruby>史<rt>し</rt></ruby>」はもとは「<ruby>内祭<rt>ないさい</rt></ruby>」のことを<ruby>表<rt>あらわ</rt></ruby>しました。これに<ruby>対<rt>たい</rt></ruby>し、<ruby>自然<rt>しぜん</rt></ruby>の<ruby>神<rt>かみ</rt></ruby>を<ruby>祭<rt>まつ</rt></ruby>る<ruby>国<rt>くに</rt></ruby>の<ruby>祭<rt>まつ</rt></ruby>りを「<ruby>外祭<rt>がいさい</rt></ruby>」といいました。「<ruby>外祭<rt>がいさい</rt></ruby>」を<ruby>表<rt>あらわ</rt></ruby>すのが「<ruby>事<rt>じ</rt></ruby>」です。

史

341

(N4 / 3年)

28 行 11 列

一 ⊓ 写 写 写 事

ジ

事

こと

意味

こと
事

用例

いろいろな事　事故　火事　食事　事務室

漢字物語

先祖の祭り（史）の他に、国の行事として
行う自然の神（自然神）の祭りがありまし
た。その自然神の祭りを「事」といいます。
自然神を祭る儀式ですから、その祭りは聖
なる山や河で行なわれました。祭りが行な
われる山や河が遠い地方の場合、王は使者
を派遣して祭りを代行させ（代わりに行な
わせ）ました。そのとき、使者は、祝詞の器
（口）をつけた竿（中）にさらに魔除けの吹
き流しをつけました。それを手（又）に持っ
た形が、「史」の上に吹き流しの「一」を加
えた「事」です。

もっと知りたい漢字の話

自然神の祭りを「外祭」といいますが、外祭はま
さに国の一大事でした。地方が王の使者を受け入
れ、王のために祭りを行うことが、王に服従し、
王に仕えることだったからです。「祭り」の意味の
ほかに、「師事する」のように「仕える」という意味
があるのはそのためです。

342

(N4 / 3年)

28 行 13 列

ノ イ 仁 仵 仲 使使

シ

使

つか（う）

意味

つか
使う

用例

ふで　つか
筆を使う　ペンを使用する　大使　大使館

漢字物語

「事」を略して書いた「吏」に「イ」（人）
を加えた字です。自然神を祭る儀式を行
うために、王の代理として遠い地方に
派遣された使者を表します（「事」No.341
を読んでください）。

もっと知りたい漢字の話

「事」を略して書いた「吏」は「役人」の意味で
使います。

水夬 決　、　ミ　氵　沪　汈　決

意味

きめる

用例

決める　決定　決断　決意　解決

ケツ

決

き（める）

漢字物語

「夬」は玦（ドーナツ形の一部が切り取られた形の玉）を手に持つ形を表します。「夬」に「水」を合わせて、洪水の被害を少なくするために、川の堤防を少し切り取って決壊させ、水を安全な方へ流すことを表します。そのためには「決断」が必要ですから、「決断する、決める」の意味になったのです。

もっと知りたい漢字の話

「夬」は環（完全なドーナツ形の玉）ではなく玦（環の一部が切れた形の玉）を手に持つ形を表しますが、古代、決意を表明するとき、その玦を高く上げて合図する習慣があったそうです。膿などがたまった患部を切り取って（夬）、安心するのが「快」（こころよい）です。（「夬」No.308を参照）

 筆　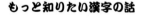 ノ　ﾉ　ﾉ　ﾉ　竹　竺　竺　筆　筆　筆

意味

ふで

用例

筆で書く　毛筆　鉛筆　万年筆

ヒツ

筆

ふで

漢字物語

「竹」で作る筆を手（又）に持つ形を表します。「ふで」の意味です。

もっと知りたい漢字の話

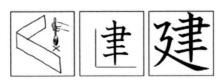

ケン

建

た（てる）

フ ヨ ヨ ヨ ヨ 聿 肂 建 建

意味
建てる　建つ

用例
建てる　家が建つ　建物　建築　建設

漢字物語
「廴」は、儀式を行うために中庭につくる壁を表します。「建」は、儀式の場に筆を立てて占い、建物などの位置を決めることを表します。今は、建物を「建てる」意味で使います。

もっと知りたい漢字の話
儀式の場に筆を立てて、方位や地相（良い土地か悪い土地か）を占って測量し、区画して都（首都）を建設することが、「建」のもとの意味です。首都を建設することは、つまり、国をつくることです。それで、建国といいます。占って定められた位置には生贄を埋めて、土地を清める儀式を行いました。「エ」No. 101 を手に持って、木を植える姿勢（丮）で身を屈めて行ったのです。それから、竹籠（竹）で土を運び、それを「木」で固めて（業）、建物の土台を築きました。それが「築」です。

ショ

書

か（く）

フ ヨ ヨ 聿 聿 聿 書 書 書 書

意味
書く　本

用例
書き方　読書　書店　辞書　図書室

漢字物語
筆を表す「聿」と「者」を合わせた字です。「者」は、祝詞の入った器（曰）の上に木の枝を重ねて、村や都市（城市）を囲む城壁などに埋めたものを表します。「曰」は祝詞を入れる器（口）の中に祝詞が入っている形です。その祝詞に書かれた神聖な文字が「書」なのです。「書く、書いたもの」の意味があります。「曰」を埋めておけば、その霊力で城壁の中に悪霊などが入れないと信じられていました。

もっと知りたい漢字の話
「者」（曰を埋めること）は、かつて、日本の家の出入り口に貼られていた神社の「御札」のようなものだったのです。

著 着 　　、ソ丷䒑䒑羊羊羊着着

チャク

着

つ（く）
き（る）

意味
着く（到着する）
着る（衣服を身につける）

漢字物語
もとの字は「著」です。「着」は「著」と同じ字でしたが、今は、違う使い方をします。「著」は、悪霊などの侵入を防ぐために城壁に埋められた「者」（No.346）と「艹」を合わせた字です。「者」を城壁に埋めて、その霊力を城壁に「つける（付着させる）」ことを表します。現在、「着」は「着く、着る」の意味で使います。

用例
着く　着る　着物　着陸　到着

もっと知りたい漢字の話
「着」は「著」の俗字で、もとは同じ字でしたが、現在は使い方を分け、「著」は「書」と関連させて「書きあらわす、あきらかにする」意味で使っています。

急 急 　　ノク々刍刍急急

キュウ

急

いそ（ぐ）

意味
いそぐ　突然

漢字物語
「及」（ク＋又）の変形と「心」を合わせた字です。「及」は、後ろから手を伸ばして、逃げる人を捕まえようとしている形です。その下に「心」を加えて、急ぐ心を表します。

用例
急ぐ　急いで食べる　急行電車　急病
急用がある　急に止まる　救急車

もっと知りたい漢字の話
「及」は、「ク」（人）と「又」（手）を合わせた字で、後ろから手を伸ばして逃げる人を捕まえようとしている形を表します。後ろから手が「及ぶ」の意味です。

349
（N2/常用）
52 行 42 列

一 十 才 扌 扩 护 护 护 掃 掃

ソウ

掃

は（く）

意味
は
掃く　きれいにする

用例
は　　　そうじ
掃く　掃除

漢字物語
「帚」（箒）と「扌」（手）を合わせて、
びょう　せんぞ　まつ　じんじゃ　は　　　　さけ
廟（先祖を祭った神社）を掃いたり、酒
ふ　　　　　　　　　　　　　　きよ　　　　あらわ
を振りまいたりして清めることを表し
ます。

もっと知りたい漢字の話

350
（N3/5年）
52 行 43 列

女 女 女 女 女 娟 婦 婦 婦

フ

婦

意味
ふじん　　おんな　ひと
婦人（女の人）

用例
ふうふ　ふじん　しゅふ
夫婦　婦人　主婦

漢字物語
ほうき　ほうき　　　おんな　　あ　　　　　びょう
「帚」（箒）と「女」を合わせて、廟
せんぞ　まつ　じんじゃ　　そうじ
（先祖を祭った神社）を掃除する（帚）
おんな　あらわ　　　　　た　　いえ　　とつ　　　き
女を表します。他の家から嫁いで来た
よめ　しゅふ　　　　　おっと　いえ　びょう　せわ
嫁が主婦となって、夫の家の廟の世話
けっこん　じょせい
をしました。それで「結婚した女性」の
いみ　　　　いま　いっぱん　じょせい
意味でしたが、今は、一般に「女性」の
いみ　つか
意味で使います。

もっと知りたい漢字の話

351
(N4／2年)
52 行 41 列

┐ 刂 刂＾ 刂⁺ 刂⁺ 刂⁴ 尸 帰 帰 帰

意味
帰(かえ)る

用例
国(くに)へ帰(かえ)る（帰国(きこく)する）　家(いえ)へ帰(かえ)る（帰宅(きたく)する）

キ

帰

かえ（る）

漢字物語
掃除(そうじ)（帚）しに帰(かえ)る（行(い)く）と覚(おぼ)えましょう。

もっと知りたい漢字の話
もとの字は「歸」です。戦勝祈願(せんしょうきがん)をして神(かみ)に供(そな)えた肉(にく)（自(も)）を持(も)って、氏族(しぞく)の軍隊(ぐんたい)が戦争(せんそう)からもどり(止)、廟(びょう)を清(きよ)めて（帚）、先祖(せんぞ)の霊(れい)に無事(ぶじ)を報告(ほうこく)する儀式(ぎしき)を表(あらわ)します。戦争(せんそう)から無事(ぶじ)に「かえる」という意味(いみ)です。

352
(N3／常用)
52 行 46 列

宀 宀 宀 疒 疒 疒 疒 寑 寝 寝

意味
寝(ね)る

用例
寝台(しんだい)に寝(ね)る　朝寝坊(あさねぼう)をする（朝(あさ)遅(おそ)くまで寝(ね)る）
寝室(しんしつ)

シン

ね（る）

漢字物語
「宀」（廟(びょう)）と「爿（爿）」（寝台(しんだい)）と「帚」（箒(ほうき)）の変形(へんけい)を合(あ)わせた字(じ)です。廟(びょう)を祓(はら)い清(きよ)めて寝(ね)る（泊(と)まる）ことを表(あらわ)します。

もっと知りたい漢字の話
古代(こだい)、夜中(よなか)に見(み)る悪夢(あくむ)（悪(わる)い夢(ゆめ)）は夢魔(むま)という悪霊(あくりょう)の呪(のろ)いとして恐(おそ)れられました。

353

(N3/3年)

29 行 16 列

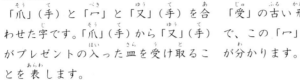

ジュ

受

う（ける）

意味
うける

漢字物語
「爪」（手）と「冖」と「又」（手）を合わせた字です。「爪」（手）から「又」（手）がプレゼントの入った皿を受け取ることを表します。

用例
試験を受ける（受験する）　受付　受け身
電話の受話器　メールを受信する

もっと知りたい漢字の話
「受」の古い形は「冖」を「舟」と書いているので、この「冖」は「盤」（大きい皿）を表すことが分かります。

354

(N1/5年)

29 行 17 列

ジュ

授

さず（ける）

意味
さずける

漢字物語
「受」に「才」（手）を合わせて、「爪」（手）が、「さずける」ことを表します。「さずける」は、「神や王があたえる」という意味です。

用例
子供を授かる　授業　教授

もっと知りたい漢字の話

355
(N3/4年)
25 行 49 列

一 ー ケ ヶ 严 卶 忩 爱 受 愛

アイ

愛

意味
愛する　愛

用例
愛する　愛情　恋愛

漢字物語
「心」を残して去る（夊）人の気持ちを表します。

もっと知りたい漢字の話
古い字は「旡」と「心」と「夊」を合わせた字で、愛する人と別れるのがつらくて後ろを振り返り（旡）ながら去って行く（夊）人の「心」を表します。別れのつらい気持ちを表す「愛」と「日」（太陽）を合わせて、「くらい」という意味の「曖」ができました。「曖昧な」（はっきりしない）のように使います。

356
(N4/3年)
53 行 16 列

" ⺍ 业 丵 丵 丵 莱 業 業

ギョウ
ゴウ

業

わざ

意味
仕業　仕事

用例
工業　農業　卒業　神業（神の仕業）

漢字物語
土を打って固める道具の形を表します。「仕事」の意味です。

もっと知りたい漢字の話
城壁を造るとき、両側を板で挟んで間に土を入れ、土をうち固める工法を「版築」といいます。「業」は、その土を撲ち固める道具の形を表します。木の丸太を適当な長さに切って作った道具で、立てて、上から落として土を固めました。それで、「對」（対 No.357）や「撲」（打つ）や、作業をする下僕の「僕」のパーツに使われています。また、「業」は鐘などの楽器をかける台座の形を表すという説もあります。

357
（N3／3年）
53 行 17 列

` 対 対`

タイ
ツイ

対

意味
向き合う　ペア（二つで一組のもの）

用例
一対のボタン　反対　対面する　対立する

漢字物語
もとの字は「對」と書きました。左側は、「業 No.356」（土を打ち固める道具）の上のパーツと「土」を合わせた字です。それに「寸」（手）を加えて、道具を手に持って土を撲つ（打つ）ことを表します。そのとき、二人で相対して作業したので「向かい合う（二人）」の意味になりました。

もっと知りたい漢字の話

358
（N3／4年）
30 行 6 列

`ノ イ 亻 付 付`

フ

付

つ（く）

意味
付く　付ける

用例
手にインクが付く　駅の付近　送付する

漢字物語
「寸」（手）と「人」を合わせた字です。人に物を手渡すことを表します。手から手へ、手を付けて渡すので、「つける」の意味になりました。

もっと知りたい漢字の話

359
（N2／常用）
30行7列

  符　　ノ　ケ　ヶ　竻　竹　竹　符　符

フ

符

意味
しるし　符号

用例
符号　切符

漢字物語
割り符（くっ付け合って証明する札）を表します。割り符を分けて持ち合い、のちに代理の使者を派遣するときなど、それを持たせて、その人の使者であることの証明にしたのです。

もっと知りたい漢字の話
竹の節のところを割り符にしたのが「節」で、それを持って派遣されたのが「使節」です。また、熊などの獣の手を割り符にしたのは「券」といいます。

360
（N2／4年）
30行9列

 付 府　　`　亠　广　广　庁　庁　府　府

フ

府

意味
政府　政府のある町

用例
政府　京都府　大阪府　府中市

漢字物語
たくさんの店や家（广）がくっ付き合う都市と覚えましょう。「付」は読み方を表します。

もっと知りたい漢字の話
「府」は、「符」のように、あとで証明となるような重要な文書などを保管した王室の蔵（广）を表します。のちに役所（政府）や首府（政府の所在地）の意味になりました。

361
（N4/3年）
29 行 48 列

ジ

持

も（つ）

一 十 オ す 扩 扩 拌 持 持

意味
もつ

用例
持つ　持病がある　持続する　政府を支持する

漢字物語
「寺」（No.104）は「持」のもとの字で、「持つ、持ち続ける」の意味でした。のちに「寺」は「宮中で働く人」（侍者）を表すようになり、漢王朝の時代からは「役所」の意味になりました。今では「お寺」の意味で使われています。それで今は、「扌」（手）を加えて「持」と書いて、「もつ」意味を表します。

もっと知りたい漢字の話
外国の使節を接待する役所だった鴻臚寺がインドから来た仏教僧の宿舎になったので、「寺」を「おてら」の意味で使うようになりました。今は、「宮中で働く人」を「侍」と書き、訓読みでは「さむらい」と読みます。

362
（N4/3年）
29 行 49 列

タイ

待

ま（つ）

ノ ク イ 彳 彳 侍 待 待

意味
待つ　もてなす

用例
待つ　招待する　期待する

漢字物語
「寺」は、もと「（書類などを）持ち続ける」から「役所」の意味になりした。それと、「彳」（行く）を合わせて、役所に行くと、いつも役人が待機して待っていることを表します。

もっと知りたい漢字の話

186

363
（N4／4 年）
29 行 50 列

牛持 | 特 |

ノ ┌ 牛 牛 牜 牨 特 特

意味
とくべつ
特別

用例
とくべつ　とっきゅうでんしゃ　とくしょく
特別な　特急電車　特色

トク

特

漢字物語
うし　　　　　じ　　　　　　　　　　はたら　とくべつ　おお
「牛」と「寺」で、よく 働く、特別に大
おうし　　あらわ　　　　　　　　　じ　　　　も
きい牡牛を 表 します。「寺」に「持つ」
　　やくしょ　　　いみ　　　　　　　　　はたら
や「役所」の意味があったので、「よく 働
く」イメージができたのでしょう。「寺」
　　　　　　　　　　　　　　たい　　　とう
をパーツにもつ字は「待」や「等」のよ
　　　　よ　　かた　　　　　　　　　　　　　　とく
うな読み方になったものもあり、「特」
　に　　へんか
も似た変化をしました。

もっと知りたい漢字の話

364
（N4／3 年）
30 行 42 列

丶 䒑 ⺌ 羊 关 关 送

意味
おく
送る

用例
こづつみ　おく　　そうきん　　　　ほうそう
小包を送る　送金する　テレビ放送

ソウ

送

おく（る）

漢字物語
ひ　りょうて　も　　　　　　ひと　みおく
火を両手で持って、人を見送ることを
あらわ　　　　　　ひと　もの　　おく　　いみ　　つか
表 します。人や物を「送る」意味で使い
ます。

もっと知りたい漢字の話
たいこ　もじ　きんぶん　　　　ぎょく　　　きょう　りょうて
太古の文字（金文）は、「玉」と「廾」（両手）
　　あ　　　　じ　　　　りょうて　おく　もの　も　　い
を合わせた字で、両手で贈り物を持って行くこと
あらわ　　　　　おく　もの　おく　　いみ
を表します。「贈り物を送る」意味です。しかし、
すこ　あたら　　かんじ　てんぶん　　ひ　　きょう　りょうて
少し新しい漢字（篆文）は「火」と「廾」（両手）
　　あ　　　じ　　　ひ　かか　　ひと　みおく
を合わせた字で、火を掲げて人を見送ることを
あらわ　　かんが
表 すと考えられます。

365
（N4／2年）
31 行 39 列

一 十 土 キ キ 走 走

意味
はしる

用例
走る　走者　百メートル競走　走行距離

ソウ

走

はし（る）

漢字物語
両手を振って走る人に足形（止）を加え
た形です。走る人の形は「土」に変化
しました。

もっと知りたい漢字の話

366
（N4／2年）
31 行 41 列

丨 ㇑ ㇑ 止 牛 ㇑ 歩 歩

意味
あるく　もうけの割合

用例
歩く　歩み　一歩二歩　歩道　進歩する

ホ
ブ

歩

ある（く）
あゆ（む）

漢字物語
左右一歩ずつの足跡を表します。右足
（「止」の反対の形）の形は「少」に変化
しました。

もっと知りたい漢字の話

367
(N4／1年)
31 行 46 列

セイ
ショウ

正

ただ（しい）
まさ（に）

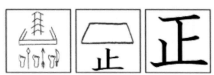

一 丁 下 正 正

意味
ただしい

用例
正しい　正に〜　正方形　正義　不正　正門
正午　正月　正面　正直な

漢字物語
「一（もとは口）」と「止」を合わせて、ほかの国の首都（一）に進軍する足（止）を表します。「正す」（ほかの国を正しくする）という意味です。昔も今も、戦争は「自分は正しくて相手が間違っているので、相手を直す（正す）」と考えて始めるのです。

もっと知りたい漢字の話
太古の漢字は「口」の下に「止」を書きましたが、のちに、この「口」を「一」と書くようになりました。「口」は、首都の周りの城壁を表します。昔の中国の都市は、全体が城壁で囲まれた城市でした。

368
(N3／5年)
31 行 47 列

セイ
ショウ

政

まつりごと

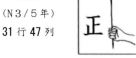

一 丁 下 正 正 正 政 政 政

意味
政治

用例
政治（政）　政府　政党　政治家
政界に入る

漢字物語
ほかの国を征服（正す）して治める（攵）ことを表します。「攵」は国民を鞭打ってコントロールすることを表します。

もっと知りたい漢字の話
外国を征服（正す）した後は、そこの国民をコントロールして（攵）、税金を取り、自分の神を祭らせるのです。それで、「政治」のことを「まつりごと」（政＝祭事）といいます。

＼ 二 言 言 言 訂 訂 訂 証 証

意味
あかし（証明）

用例
証明書　学生証　身分証　免許証

ショウ

証

漢字物語
「正しいと言う」ことを表すと覚えましょう。

もっと知りたい漢字の話
ほんとうは「証明」という意味の字は「證」です。「証」は「いさめる」という意味で、「證」とは別の字です。しかし、常用漢字では「証」を「證」の略字として、代わりに使います。

＼ ｀ 宀 宀 宀 宇 定 定

意味
さだめる（きめる）

用例
定める　決定　定食　定価

テイ

定

漢字物語
「宀」（廟）と「正」で、廟を建てる位置を「定める」（正しく決める）ことを表します。

もっと知りたい漢字の話

さだ（める）
さだ（か）

371
(N4/3年)
11 行 45 列

尺
馬

駅

一 「 丨 丨 馬 馬 馬 馬 駅 駅 駅

意味
えき
駅

用例
とうきょうえき　しゅうちゃくえき　えきちょう　えきいん
東京駅　終着駅　駅長　駅員

エキ

駅

漢字物語
　「尺」は指を広げて長さを測っている手の形を表します。「駅」は、馬が走れる距離を測って、その距離ごとに設けられた、馬の交換所（馬屋）を表します。

もっと知りたい漢字の話
　もとの字は「驛」です。右側のパーツの「睪」は獣の死体の形です。風化して分解していくので、「解く」という意味です。「驛」は「馬を解く馬屋」の意味です。獣の爪の「釆」を合わせた「釋（釈）」も引き裂き分解して「解く」意味です。「駅」も「釈」も略字です。

372
(N5/2年)
44 行 38 列

歬
前

丶 丷 丷 并 并 并 首 前 前 前

意味
まえ
前

用例
まえ　うし　　ぜんご　いぜん　ぜんき　ぜんしん
前と後ろ　前後　以前　前期　前進する
ぜんしゃ　こうしゃ　ぜんはん　こうはん
前者と後者　前半と後半

ゼン

前

まえ

漢字物語
　「止」（No.112）と「舟」（No.45）と「刀」（No.46）を合わせた字です。外から帰って、汚れた足（止）を盤（舟）の水で洗い、汚れた爪を切ることを表します。それで、爪のある「まえ」の意味になりました。

もっと知りたい漢字の話
　古代、よその土地には災いをもたらす悪霊がいて、道を歩くと、それらが足につくと考えられていました。それで、足の汚れとともに悪霊も洗い落として、爪も切って、きれいにしなければならなかったのです。爪を切り揃えることを表すのが「揃」（そろえる）で、羽などを切り揃えるのが「剪（翦）」（切る）です。

ゴ
コウ

後

うし（ろ）
おく（れる）
あと
のち

意味

うしろ　あと

漢字物語

「彳」（十字路）と「幺」（糸束）と「夂」
（下がる足）を合わせた字です。霊力の
ある糸束を使って、敵が「後退する」よ
うに祈る儀式を表します。

用例

後ろを向く　後で　五メートル後れて走る
後に二人は別れた　一年後に会う　午後　最後
後輩　後半

もっと知りたい漢字の話

糸束も霊力（神の力）があると信じられ、儀式で
よく使われました。神聖な場所を守るために、
神社の神殿などにもよく飾られています。

コウ

降

お（りる）
ふ（る）

意味

おりる　ふる　くだる

漢字物語

神が天から降りてくる階段（梯子）を表
す「阝」と、下る（下へ行く）足を表す
「夅」を合わせた字です。神が天から降
りてくること（降臨）を表します。

用例

雨が降る　電車を降りる　降水量　乗降客
2000年以降

もっと知りたい漢字の話

375

（N2／4年）

32 行 34 列

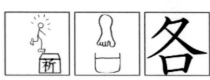

ノ ク タ 夂 各 各

意味

おのおの（それぞれ）

用例

各々　各人　各国

カク

各

おのおの

漢字物語

下る足の形（夂）と祝詞を入れる器（口）を合わせた字です。神の降臨を願う祈り（口）に応えて、神が天から降りてくる（夂）ことを表します。神が一人ずつ降臨することを表し、「おのおの、一人ずつ」の意味です。

もっと知りたい漢字の話

神の降臨を求めるのが「召」（まねく）、それに応えて一人ずつ降臨するのが「各」、集団で並んで降りて来るのが「皆」、神の降りてくる道を「路」、自分の氏族の廟に迎える異族の神（客神）を「客」（周王朝の先祖の祭りに、その前の殷王朝の先祖の霊が客神として招かれました）といいます。

376

（N3／3年）

32 行 43 列

丶 宀 宀 宀 窍 窍 客 客

意味

客

用例

お客　観光客　観客　客船

キャク

カク

客

漢字物語

自分の氏族の廟（宀）の祭りに招く異族の神（客神）を表します。周王朝の廟の祭りに、殷王朝の先祖の霊が客神として招かれたそうです。

もっと知りたい漢字の話

377
（N3/3年）
32行42列

一 十 艹 艹 芍 芍 芍 茨 落

ラク

落

お（ちる）

意味

おちる　おとす

用例

落ちる　落下　落馬　落第

漢字物語

「各」は神が一人ずつ天から降りてくることを表します。「洛」は水が下の方へ流れることを表しますが、「洛水」という川や「洛陽」という首都の名前で使っています。「艹」を加えた「落」は、木の葉が落ちることを表します。

もっと知りたい漢字の話

建物の完成を祝う儀式で、生贄の血を落として（垂らして）、建物を清めたので、建物の完成を「落成」、その儀式を「落成式」といいます。

378
（N3/常用）
33行9列

ノ ナ 五 吾 吾 吾 竜 童 違

イ

違

ちが（う）

意味

ちがう

用例

違う　間違い　ルール違反　相違　違法

漢字物語

「韋」は城壁（囗）の周りを左と右へ行く足の形を表します。右と左に行くので「ちがう」の意味です。

もっと知りたい漢字の話

城市を「かこむ」のは「圍（囲）」、城市を守るのが「衛」、守られる偉い地位の人は「偉」、左右に伸びる横線が「緯」です。

379

(N4/3年)
35 行 45 列

アク
オ

悪

わる（い）

 悪 悪

一 厂 厂 三 丏 丏 亜 亜 悪 悪

意味
わるい

漢字物語
「亞（亜）」は地下の墓の形を表します。す。「心」を加え、死に対する「わるい」気持ちを表します。

用例
悪い人（悪人）　悪口を言う　病気が悪化する
嫌悪感を感じる

もっと知りたい漢字の話
「亞（亜）」は地下の墓室の形を表します。それで、「悪」は死を忌む心を表します。

380

(N4/3年)
57 行 43 列

ケン

研

と（ぐ）

 研 研

一 厂 厂 石 石 石 石 矸 研

意味
みがく　とぐ

漢字物語
右側のパーツの「开」のもとの字は「幵」で、「笄」（細長いお箸のような簪）を表します。笄は象牙や銀を石で研磨して（みがいて）作りました。それで「研」は「磨く」の意味になりました。

用例
ナイフを研ぐ　研究　研修旅行

もっと知りたい漢字の話

195

381

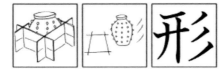

一 二 チ 开 开 形 形

ケイ
ギョウ

形

かたち
かた

意味
かたち

漢字物語
もとの字は「井」（鋳型の枠）と「彡」（整った形）を合わせた字です。鋳型に流し込んで作った青銅器などの美しい形を表します。

用例
丸い形　三角形　変形する　人形

もっと知りたい漢字の話

382

丶 ㇁ ㇄ 卯 卯 留 留 留

リュウ
ル

留

と（まる）

意味
とまる　とどまる

漢字物語
「卯」（川の流れの脇にできる水溜りの形）と「田」を合わせた字です。田に水が溜ることを表します。「とどまる」意味です。

用例
ボタンを留める　留学　留守

もっと知りたい漢字の話

383
（N2／6年）
37 行 16 列

キ

机

つくえ

 机 一 十 才 木 村 机

意味
つくえ

用例
机（つくえ）　机上（きじょう）

漢字物語
「几」は 机 を 横 から 見 た 形 を 表 し、「机」のもとの字です。

もっと知りたい漢字の話
「案」も 机 の 意味 でしたが、今 は「机 で 考 える」という意味になりました。

384
（N4／3年）
37 行 22 列

ビョウ
ヘイ

病

やまい
や（む）

 病 、 一 广 广 广 疒 疒 病 病 病

意味
病気（びょうき）

用例
心（こころ）を病（や）む　心（こころ）の病（やまい）　病気（びょうき）

漢字物語
「疒」は「爿」（ベッドのような台（だい））に「人（ひと）」が寝（ね）る 形（かたち）を 表（あらわ）し、「丙」は台座（だいざ）を 表（あらわ）します。「疒」と「丙（へい）」を合（あ）わせて、病気（びょうき）で寝（ね）ている病人（びょうにん）を 表（あらわ）します。「びょうき」の意味（いみ）です。

もっと知りたい漢字の話
「爿（しょう）」は床（とこ）を 表（あらわ）します。

385

（N4／3年）

37行24列

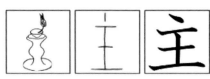

`丶 一 十 キ 主`

シュ

主

おも（な）
ぬし

意味

主（主人）　おもな

用例

主に　家主　ご主人

漢字物語

火をつけた燭台の形を表します。火は神聖なものと考えられ、祭りなどで常に使われました。火を司る長老が「主、あるじ」です。「主」は油の皿を置いた灯火だから、「うごかないもの」のイメージがあります。

もっと知りたい漢字の話

386

（N2／3年）

37行27列

`木 朮 朾 杵 柱 柱`

チュウ

柱

はしら

意味

はしら

用例

太い柱　円柱　電柱

漢字物語

「主」と「木」を合わせた字で、燭台のように直立して動かない柱を表します。

もっと知りたい漢字の話

387
(N4/3年)
37行25列

ノイイ伫伫伫伫住

意味
住む

用例
住む　住所　住民

ジュウ

漢字物語
人が留まって住むことを表します。

もっと知りたい漢字の話

住

す（む）

388
(N4/3年)
37行26列

水主注

、ゝ氵氵氵氵汁汁注

意味
そそぐ

用例
注ぐ　注意

チュウ

漢字物語
燭台の油皿に油を注ぐことを表します。

もっと知りたい漢字の話

注

そそ（ぐ）

389
（N2/常用）
37 行 28 列

馬 主 駐

一 厂 冂 圧 馬 馬 馬 馬゛ 馬＾ 駐 駐

意味
うま　くるま
馬や車がとどまる

用例
ちゅうしゃ
駐車

チュウ

駐

漢字物語
うま　ばしゃ　うご　　　　とど　　　　あらわ
馬や馬車が動かないで留まることを表
します。

もっと知りたい漢字の話

390
（N3/3年）
37 行 49 列

丨 口 巾 由 由

意味
で
〜から出てくる　〜による

用例
じゆう　りゆう　けいゆ
自由　理由　経由

ユ
ユウ
ユイ

由

漢字物語
くび　なが　あぶら　びん　かたち
首の長い油の瓶の形です。

もっと知りたい漢字の話
ひょうたん　み　じゅく　　　　　あぶら
瓢箪の実が熟して油のようになったものを抜
と　　　なか　から　　　かたち　あらわ　　　せつ
き取って、中を空にした形を表すという説もあ
ります。

よし

391
(N2/3年)
37 行 50 列

丶 冫 氵 汁 沖 油 油 油

ユ

油

あぶら

意味
あぶら

用例
油絵　石油

漢字物語
油の瓶に入れた油を表します。

もっと知りたい漢字の話
瓢簞の実が熟して油のようになったものを表すという説もあります。「油」は植物性、「膏」や「脂」は動物性の「あぶら」です。

392
(N3/3年)
38 行 26 列

丶 冫 氵 汀 汀 汩 洒 酒 酒

シュ

酒

さけ

意味
酒

用例
お酒　酒屋　日本酒

漢字物語
酒樽を表す「酉」と「氵」（水）を合わせて、「酒」の意味です。

もっと知りたい漢字の話
「酉」に「八」を加えた「酋」は、酒気（酒の良い香り）を発する古酒の酒樽を表します。「八」は、蒸気を発する蒸し器を表す「曾」の「八」と同じで、立ちのぼる香りや湯気を表します。「酋」を神に捧げるのが「尊」、木製の「酋」が「樽」です。

393
（N4/3年）
44行3列

 員 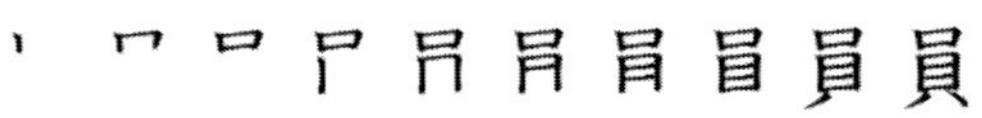

意味
人(ひと)の数(かず)　役割(やくわり)を持(も)った人(ひと)

用例
定員(ていいん)　全員(ぜんいん)　店員(てんいん)　社員(しゃいん)

イン

員

漢字物語
「円鼎(えんてい)」という大(おお)きい釜(かま)を表(あらわ)します。「まるい」意味(いみ)でしたが、円鼎(えんてい)の数(かず)で食事(しょくじ)する人(ひと)の数(かず)を計算(けいさん)したので「人数(にんずう)」の意味(いみ)になりました。この「貝(かい)」は「貝」（No.32）ではなく「鼎(かなえ)」の略(りゃく)です。

もっと知りたい漢字の話
円鼎(えんてい)は円(まる)い鼎(かなえ)のことで、料理(りょうり)や儀式(ぎしき)に使(つか)った青銅器(せいどうき)の大釜(おおがま)です。円鼎(えんてい)（員）をさらに円(まる)く囲(かこ)ったのが「圓(えん)」（まるい）です。「円(えん)」はその略字(りゃくじ)です。「えん」は、明治(めいじ)4（1871）年(ねん)に制定(せいてい)された日本(にほん)の貨幣単位(かへいたんい)になりました。

394
（N1/3年）
38行39列

 豆 

意味
たかつき（食器(しょっき)のなまえ）　まめ

用例
豆(まめ)　豆腐(とうふ)　大豆(だいず)

トウ
ズ

豆

まめ

漢字物語
高杯(たかつき)(脚(あし)の高(たか)い食器(しょっき))の形(かたち)を表(あらわ)します。儀式(ぎしき)の時(とき)に供(そな)え物(もの)を入(い)れるのに使(つか)いました。「荅(とう)」（小豆(あずき)）と同(おな)じ読(よ)み方(かた)だったので、のちに「まめ」の意味(いみ)になりました。

もっと知りたい漢字の話

395
(N3／2年)
38 行 40 列

トウ
ズ

頭

あたま
かしら

一　ロ　戸　豆　豆　豆　豆　豆　豆　豆　頭　頭　頭

意味
あたま

用例
頭がいたい　頭文字　頭部　頭痛

漢字物語
「豆」（高杯）が、人の頭と形が似ているので、「頁」（儀式のために正装した頭や顔）を合わせて「あたま」の意味になりました。「あたま」は人の体のいちばん上にあるので、「はじめ」の意味でも使います。「豆」は読み方を表します。

もっと知りたい漢字の話

396
(N4／3年)
43 行 7 列

ダイ

題

日　旦　早　早　是　是　是　是　題　題

意味
ひたい　題（タイトル）

用例
宿題　作文の題　問題　課題

漢字物語
匙を表す「是」と正装した頭部を表す「頁」を合わせた字で、儀式のために正装した人の額を表します。人の額の形が匙の湾曲に似ているし、祈るとき額を床に着けるのが皿の底に匙をつけるのを連想させたからでしょう。額はいちばん良く見える正面の中央にあるので、「題」の意味になりました。

もっと知りたい漢字の話

`ー 亠 六 立 立 产 产 产 产 产 産`

意味

うむ　うまれる

用例

産む　出産　生産

サン

産

う（む）
うぶ

漢字物語

もとの字は「文」と「厂」と「生」を合わせた字です。生まれた（生）子の額（厂）に×印（文）を書く儀式を表します。×印（文）は悪霊の侵入を防ぐ、魔除けの霊力があると信じられていました。

もっと知りたい漢字の話

`ー 亠 六 立 立 产 彦 彦 顔 顔`

意味

かお

用例

きれいな顔　顔面

ガン

顔

かお

漢字物語

もとの字は「顏」と書きます。成長した男子が額（厂）に魔除けの印（文）を書き、正装して（頁）成人式に出ているときの、整った（彡）ハンサムな「顔」を表します。

もっと知りたい漢字の話

399
(N3 / 3年)
38 行 44 列

フ ヲ ヺ メ゙ メ゙ メ゙ メ゙ 癶 癶 癶 䂮 登 登 登

トウ
ト

登

のぼ（る）

意味
のぼる

漢字物語
「癶」は出発しようとして左右揃えた足の形です。「豆」は高杯（脚の高い食器）の形だから、「登」は高い所に登るために出発することを表します。

用例
登る　登場する　登山

もっと知りたい漢字の話

400
(N4 / 3年)
32 行 16 列

フ ヲ ヺ メ゙ メ゙ メ゙ メ゙ 癶 癶 癶 癶 発

ハツ
ホツ

意味
発する（生じる、出す、始める）

漢字物語
もとの字は「發」と書きます。「癶」は、出発する左右の足を表し、「弓」と「殳」で弓を射ることを表します。「発する」意味です。弓を射る合図で開戦する（戦争を始める）習慣があったので、「始める」の意味もあります。

用例
始発電車　出発する　発車する　発達する
発見する　開発する　発生する　心臓発作

もっと知りたい漢字の話

401
（N1／常用）
41 行 8 列

キチ
キツ

吉

一 十 士 吉 吉 吉

意味
よい　めでたい

用例
<ruby>吉<rt>きち</rt></ruby><ruby>日<rt>じつ</rt></ruby>　<ruby>吉<rt>きっ</rt></ruby><ruby>報<rt>ぽう</rt></ruby>

漢字物語
「<ruby>士<rt>し</rt></ruby>」（<ruby>小<rt>ちい</rt></ruby>さい　<ruby>鉞<rt>まさかり</rt></ruby>）を「<ruby>口<rt>くち</rt></ruby>」（<ruby>祝詞<rt>のりと</rt></ruby>の<ruby>器<rt>うつわ</rt></ruby>）の<ruby>上<rt>うえ</rt></ruby>にのせて、<ruby>悪霊<rt>あくりょう</rt></ruby>の<ruby>侵入<rt>しんにゅう</rt></ruby>を<ruby>防<rt>ふせ</rt></ruby>いで<ruby>祈<rt>いの</rt></ruby>りを<ruby>守<rt>まも</rt></ruby>り、<ruby>祈<rt>いの</rt></ruby>りの<ruby>効力<rt>こうりょく</rt></ruby>を<ruby>長<rt>なが</rt></ruby>く<ruby>保<rt>たも</rt></ruby>つことを<ruby>表<rt>あらわ</rt></ruby>します。それで「よい、めでたい」の<ruby>意味<rt>いみ</rt></ruby>になりました。

もっと知りたい漢字の話
<ruby>同<rt>おな</rt></ruby>じように、「<ruby>干<rt>かん</rt></ruby>」（<ruby>四角<rt>しかく</rt></ruby>い<ruby>盾<rt>たて</rt></ruby>）を「<ruby>口<rt>くち</rt></ruby>」（<ruby>祝詞<rt>のりと</rt></ruby>の<ruby>器<rt>うつわ</rt></ruby>）の<ruby>上<rt>うえ</rt></ruby>に<ruby>置<rt>お</rt></ruby>いて、<ruby>祈<rt>いの</rt></ruby>りの<ruby>効力<rt>こうりょく</rt></ruby>を<ruby>保<rt>たも</rt></ruby>つことを<ruby>表<rt>あらわ</rt></ruby>すのが「<ruby>古<rt>こ</rt></ruby>」（No.305）です。

402
（N1／4年）
41 行 9 列

ケツ

結

むす（ぶ）
ゆ（う）

く 幺 幺 幺 糸 糸 糸 紆 紆 結 結

意味
むすぶ

用例
<ruby>結<rt>むす</rt></ruby>ぶ　<ruby>髪<rt>かみ</rt></ruby>を<ruby>結<rt>ゆ</rt></ruby>う　<ruby>結婚<rt>けっこん</rt></ruby>　<ruby>結果<rt>けっか</rt></ruby>　<ruby>結論<rt>けつろん</rt></ruby>

漢字物語
「<ruby>吉<rt>きち</rt></ruby>」は、<ruby>祈<rt>いの</rt></ruby>りを<ruby>守<rt>まも</rt></ruby>って<ruby>効力<rt>こうりょく</rt></ruby>を<ruby>固<rt>かた</rt></ruby>めることを<ruby>表<rt>あらわ</rt></ruby>します。「<ruby>吉<rt>きち</rt></ruby>」と「<ruby>糸<rt>いと</rt></ruby>」を<ruby>合<rt>あ</rt></ruby>わせて、「<ruby>糸<rt>いと</rt></ruby>」を「<ruby>固<rt>かた</rt></ruby>める」、つまり「むすぶ」<ruby>意味<rt>いみ</rt></ruby>になりました。<ruby>約束<rt>やくそく</rt></ruby>や<ruby>関係<rt>かんけい</rt></ruby>を「<ruby>固<rt>かた</rt></ruby>める」ときも「むすぶ」といいます。

もっと知りたい漢字の話

403
(N3/4年)
48 行 44 列

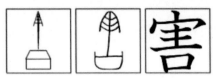

、 ハ ウ ウ 宀 宇 宇 害 害 害

ガイ

害

意味
そこなう　害_{がい}

用例
有害_{ゆうがい}　無害_{むがい}　害虫_{がいちゅう}　公害_{こうがい}　被害_{ひがい}

漢字物語
大きい針_{はり}の形_{かたち}と「口」（祝詞_{のりと}の器_{うつわ}）を合_あわせた字_じで、大きい針で祝詞の器を刺_さして傷_{きず}つける（害_{がい}する）ことを表_{あらわ}します。

もっと知りたい漢字の話
「害」に「刀_{かたな}」を合_あわせた字_じが「割_{かつ}」です。突_つき刺_さすだけでなく「割_わる」という意味_{いみ}です。また、細_{ほそ}い針_{はり}で祝詞_{のりと}の器_{うつわ}（口）を刺_さして傷_{きず}つけるのが「舍_{しゃ}」で、常用漢字_{じょうようかんじ}では「舎」と書_かきます。「捨_すてる」という意味_{いみ}ですが、今は「宿舎_{しゅくしゃ}」や「校舎_{こうしゃ}」のように「家_{いえ}」の意味_{いみ}でも使_{つか}います。

404
(N4/3年)
42 行 7 列

一 十 土 去 去

キョ
コ

去

さ（る）

意味
すてる　去_さる

用例
去_さる　去年_{きょねん}　過去_{かこ}

漢字物語
「土」（大_{だい}の変形_{へんけい}）と「凵」を合_あわせた字_じです。「凵」は「口」（祝詞_{のりと}の器_{うつわ}）の蓋_{ふた}を外_{はず}して祈_{いの}りを無効_{むこう}にすることを表_{あらわ}します。「去」は神判_{しんばん}（神_{かみ}の前_{まえ}で行_{おこな}う裁判_{さいばん}）で敗訴_{はいそ}して（負_まけて）、祈_{いの}りとともに棄_すてられる（殺_{ころ}される）人_{ひと}（大）を表_{あらわ}します。「すてる」から「さる」意味_{いみ}になりました。

もっと知りたい漢字の話
敗訴_{はいそ}した者_{もの}を川_{かわ}に棄_すてるのが「法」（No. 405）で、敗訴_{はいそ}した者_{もの}を棄却_{ききゃく}するのが「却」（しりぞける）です。

405
（N3/4年）
42 行 8 列

`、 ﾟ ﾟ ｼ ｼ- 汁 泮 法 法`

意味
ほうそく　ほうりつ
法則　法律

用例
ほうそく　ほうりつ　ほうほう
法則　法律　方法

ホウ

法

漢字物語
しんぜん　おこな　さいばん　ま　もの　さ　かわ
神前で 行 う裁判に負けた者（去）を川
　　　　す　　　　　　　あらわ　　　　　きょ
（氵）に棄てることを 表 します。「去」
（No.404）を読んでください。

もっと知りたい漢字の話
　　　　　　　　　　じ　　ほう　　　　　げんこく　ひこく　せいじゅう
「法」のもとの字は「灋」です。原告と被告が聖 獣
せん　　　　のぞ　じ　　　　　ていしゅつ　あ　　　さいばん
（薦から艹を除いた字）を提 出し合って裁判が
おこな　　　　　しんぱん　はいそ　もの　　　せいじゅう
行 われました。神判に敗訴した者（大）が聖 獣や
きょ　　むこう　　　　　　　いの　　　かわ　す
「凵」（無効になった祈り）とともに川（氵）に棄
　　　　　　　　　　ほう
てられることを「法」といいます。

406
（N4/4年）
43 行 22 列

`、 ﾟ ｿ ﾆ 半 米 米 米 料 料`

意味
ざいりょう　りょうきん
材料　料金

用例
りょうり　ざいりょう　しょくりょう　りょうきん
料理　材料　食料　料金

リョウ

料

漢字物語
と　　　　ひしゃく　かたち　あらわ
「斗」は柄杓の 形 を 表 します。それに
まい　くわ　　　こめ　ひしゃく　はか
「米」を加えて、米を柄杓で量ることを
あらわ　　　こめ　はか　　もの　こうかん
表 します。米を量って、ほかの物と交換
　　　　しょくりょう　ざいりょう　りょうきん
したので、「食 料」や「材 料」や「料 金」
いみ　つか
の意味で使います。

もっと知りたい漢字の話

407
（N3／2年）
43 行 23 列

 科

一 二 千 千 禾 禾 彩 彩 科

意味
ぶんるい とうきゅう
分類　等級

用例
か がく　り か　か もく
科学　理科　科目

カ

科

漢字物語
こめ いね あらわ か ひしゃく あらわ
米（稲）を 表す「禾」と、柄杓を 表す
と か こめ はか
「斗」を 合わせた 字です。米を 量って、
ひんしつ しら とうきゅう さだ あらわ
品質を 調べ、等級を 定めることを 表し
ます。

もっと知りたい漢字の話

408
（N2／4年）
44 行 23 列

丶 冖 冖 冖 写 冒 冒 軍 軍

意味
ぐん ぐんたい
軍　軍隊

用例
ぐんたい ぐん くうぐん かいぐん
軍隊　アメリカ軍　空軍　海軍

グン

漢字物語
しゃ せんそうよう ばしゃ た はた
「車」（No.44 戦争用の馬車）に立てた旗
かたち あらわ
がなびく 形を 表します。

もっと知りたい漢字の話
ぐん はた て も あいず しき き
「軍」の旗を手に持って合図するのが、指揮の「揮」
です。

209

ウン

運

はこ（ぶ）

意味
はこぶ　運

用例
運ぶ　運転　幸運

漢字物語
将軍の戦車の旗によって軍が動くことを「はこぶ」といいます。物が動くときにも使います。

もっと知りたい漢字の話

` ｲ ｨ 冒 宣 軍 軍 運 運`

セツ
サイ

切

き（る）

意味
切る　せまる

用例
切る　切開する　親切　一切‥ない

漢字物語
「七」と「刀」を合わせて、「きる」意味です。「七」（No.5）を読んでください。

もっと知りたい漢字の話

`一 七 切 切`

411
(N3/4年)
47行6列

、 ラ ネ ネ ネ 初 初

意味

はじめ　はじめて

用例

五月の初め　初恋　初雪　初々しい新入生
最初　初級　初期

もっと知りたい漢字の話

ショ

初

はじ（め）

はつ

うい

そ（める）

漢字物語

「衣」と「刀」を合わせた字です。生ま
れた子の初めての「衣」（産衣）を裁つ
（刀）儀式を表します。それで「はじ
め、はじめて」の意味になりました。

412
(N2/3年)
38行41列

ノ ト ヒ 午 矢 矢 矢 短 短 短 短

意味

みじかい

用例

短い　短期　短所　短命

もっと知りたい漢字の話

タン

短

みじか（い）

漢字物語

「豆」と「矢」で、「豆」（高杯）と同じ
くらいの短い矢を表します。それで
「みじかい」の意味になりました。

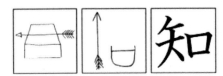

ノ 丨 ニ チ 矢 矢 知 知

チ

知

し（る）

意味
しる

用例
知る 通知 予知 未知 知人

漢字物語
「矢」と「口」（祝詞の器）を合わせた字です。霊力があると信じられていた「矢」を使って神に問い（質問し）、「しる」ことを表します。

もっと知りたい漢字の話
神に誓うとき、矢を折って誓約の印にしました。「知」は、神に問うて祈り、誓うことによって「さとる」、「明確に知る」ことを表します。

一 丆 丆 丆 歹 歹 医

イ

医

意味
医者 治す

用例
医者 医学 医薬品

漢字物語
儀式を行うために清めた場所（匚）で、「矢」の霊力によって悪霊を祓う（追い出す）ことを表します。古代、病気は悪霊が起こし、悪霊を追い出せば治ると考えられていました。

もっと知りたい漢字の話
もとの漢字は「医」と「殳」（打つ）と「酉」（酒）を合わせて「醫」とかきました。打ったり、酒で清めたりして病気を治したのです。常用漢字では「医」と書きます。

一　十　艹　艹　井　井　苷　苗　黄　黄

オウ
コウ

黄

き

意味

きいろ

漢字物語
火矢の形を表し、その火の色（黄色）の意味になりました。

用例
黄色　卵黄　黄緑色

もっと知りたい漢字の話
　いちばん古い漢字（甲骨文字）では、火矢の形を表しますが、次に古い漢字（金文）では、礼服で腰につける帯飾り（佩玉）の形です。それには黄色の玉（璜）をつけて飾りました。

木　杧　杧　杧　椙　横　横　横

オウ

横

よこ

意味

よこ

漢字物語
　「黄」は火矢や帯飾りの形を表しますが、「横」の場合は、横に巻く帯の飾りを表します。それに「木」を合わせて、扉が開かないようにする門の横木を表します。

用例
縦と横　横断　横断歩道

もっと知りたい漢字の話
　従順に従う意味の「従」をパーツにもつ「縦」と違って、反対の意味の「横」は、「横着、横行、横死、横暴、横領、専横」など、悪い意味で使われることが多いようです。

417
（N1/6年）
49 行 37 列

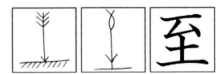

一 云 云 至 至 至

意味
いたる

用例
至る　至急

シ

至

いた（る）

漢字物語
矢が地面に刺さっている形です。矢が飛んできて「至る」（到達する）ことを表します。

もっと知りたい漢字の話
古代の人は、建物を建てる場所を決めるとき、神に祈って矢を空に放ち、その矢が到達した所が、神の示す場所だと考えました。それで「室」や「屋」にも「至」のパーツがあるのです。

418
（N4/2年）
49 行 38 列

丶 宀 宀 宀 宏 宏 宏 室 室

意味
部屋

用例
教室　寝室　病室　室内

シツ

室

むろ

漢字物語
廟（先祖を祭る神社）を表す「宀」と、地面に刺さった矢を表す「至」を合わせて、先祖を祭る「部屋」を表します。神に祈って矢を放ち、その矢が刺さった場所に、先祖を祭ったのです。

もっと知りたい漢字の話

一　ラ　尸　尸　尽　尾　居　屏　屋

意味
こ や　いえ
小屋　家

用例
や ね　はな や　おくじょう　おくがい　おくない
屋根　花屋　屋上　屋外　屋内

オク

屋

や

漢字物語
し　　　　　したい　　　し
「尸」（死体）と「至」（No. 417）を合わ
じ　　　　　　　　そうしき　まえ　　　したい　はっこつか
せた字です。葬式の前に、死体を白骨化
あんち　　　　　こ や
させるため、しばらく安置しておく小屋
あらわ　　　　　　　ばしょ　　や　　はな　き
を 表 します。その場所も、矢を放って決
めました。

もっと知りたい漢字の話
し
「死」（No. 324）を参照。

丶　ハ　宀　空　空　空　空　空

意味
から　なか み
空（中身がない）　そら

用例
から　　　あお そら　あ　　　　　せき　くうせき　　くうき
空っぽ　青い空　空いている席（空席）　空気
くうこう
空港

クウ

空

から
そら
あ（く）

漢字物語
あな　　　こう
「穴」と「エ」を あわせた字です。
しょうにゅうどう　　　あな　なか　くうかん　あらわ
鍾乳洞のような穴の中の空間を 表 し
あな　なか　たか　　　　　がた　てんじょう
ます。穴の中の、高いドーム型の天井と
に　　　　　　　　　　　　　　　　　　い み
似ているので、のちに「そら」の意味で
つか　　　　　　　　　　こう　　おんよ
使うようになりました。「エ」の音読み
　　　　　　　　　　　　　すこ　へんか
は「コウ」と「ク」ですが、少し変化し
て、「空」は「クウ」と読みます。

もっと知りたい漢字の話

421
（N4／3年）
15 行 2 列

丶 宀 宀 宀 究 究 究

キュウ

究

きわ（める）

意味
きわめる

用例
究める　研究

漢字物語
「穴」と「九」で、穴の奥に体を折り曲げて入っている竜を表します。体を折り曲げて、狭い穴の奥まで入るので、「きわめる」という意味になりました。音読みは「九」と同じです。

もっと知りたい漢字の話

422
（N4／2年）
36 行 31 列

丿 刀 月 月 用

ヨウ

用

もち（いる）

意味
用いる

用例
用いる　用意　用事　急用

漢字物語
神に捧げる動物を入れておく柵の形です。中の動物を儀式に「もちいる」という意味です。

もっと知りたい漢字の話

423
（N4／2年）
38 行 7 列

一 ㄱ ㄱ マ 丙 丙 甬 甬 甬 涌 通 通

ツウ

通

とお（る）
かよ（う）

意味
とおる　かよう

漢字物語
筒形の容器（桶など）を表す「甬」と「辶」（行く）を合わせて、筒形の容器の中に深く入り、「とおる」意味です。「甬」をパーツに持つ漢字は「ツウ」や「ヨウ」と読みます。

用例
道を通る　学校へ通う　通学　通勤　交通
通行止め　共通　普通

もっと知りたい漢字の話
「兵馬俑」の「俑」は筒形の人形、水汲み場に水が湧くのが「涌」、水を汲む筒形の容器が「桶」です。

424
（N3／6年）
38 行 8 列

、 一 广 扩 疒 疒 疒 痄 病 痛 痛

ツウ

痛

いた（い）

意味
いたい

漢字物語
病気を表す「疒」と「甬」を合わせて、病気や怪我の人の体を通り抜ける、激しい「痛み」を表します。音読みは「通」と同じです。

用例
痛い　頭痛　腹痛

もっと知りたい漢字の話

ダイ
タイ

代

か（わる）
よ

意味

か じだい
代わる　時代

用例

こうたい だいり じだい せだい
代わる　交代　代理　時代　世代

漢字物語

ひと まさかり あらわ よく あ
「人」と 鉞 を 表す「弋」を 合わせて、
れいりょく まさかり つか つ あくりょう
霊力のある 鉞 を 使って、憑いた悪霊
か ひと うつ あらわ
をほかの 代わりの人に 移すことを 表し
か だいり こうたい
ます。それで、「代わり、代理、交代」
いみ
などの 意味が あります。

もっと知りたい漢字の話

こだい びょうき じこ わざわ ふこう すべ あくりょう
古代、病気や事故などの 災 い（不幸）は 全て悪霊
とっ
がもたらすと信じられていました。それで、取り憑
あくりょう はら うつ
いた悪霊を 祓って、ほかに 移すために、いろいろ
さしき おこな い
な 儀式が 行 われたのです。「移」（No.318）や「医」
さんしょう
（No.414）を 参照。

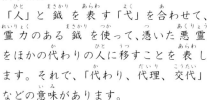

タイ

貸

か（す）

意味

か
貸す

用例

か ちんたい
貸す　賃貸

漢字物語

だい／たい うつ かい かね
「代 」（ほかに移す）と「貝」（お金）
あ か かね はら
を合わせて、貸す（代わりにお金を払う）
あらわ よ かた おんどく
ことを 表します。「代」は読み方（音読
あらわ
み）を 表します。

もっと知りたい漢字の話

ふくろ よ いふく い おな
「袋」も「タイ」と 読み、衣服（衣）と同じよ
ぬのせい ふくろ あらわ
うな布製の 袋 を 表します。

427
（N3／3年）
46行**13**列

一二テェ式式

意味
しき　方式（決まったやり方）

用例
入学式　数式

シキ

漢字物語
　「弋」と「エ」を合わせた字です。「弋」は 鉞 を表し、「エ」は悪霊を祓い清める道具を表すので、「式」は悪霊を祓い清めて、神聖にする方式を表します。

もっと知りたい漢字の話
　「弋」は、網などをつけた矢を表すという説もあります。その矢で、鳥などをからませて捕まえたようです。「エ」も「口」も、儀式に使う道具ですが、「エ」は左手に持ち、悪霊を祓い清めるのに使い、「口」は、祈りの文を入れる器で、右手に持ち、神を招くのに使いました。「拭」という字は、「式」によって悪霊を祓い清め、きれいに「拭う」ことを表します。

428
（N4／4年）
46行**14**列

丶ニ言言言言訐詁試試

意味
こころみる　ためす　試験

用例
できるかどうか試す　〜しようと試みる
試験を受ける

シ

漢字物語
　「弋」と「エ」と「言」（祈りの言葉）で、神に祈って悪霊を祓い清めようと「試みる」ことを表します。

もっと知りたい漢字の話
　祈り（言）の代わりに、獣を殺して儀式を行うことを表す「弒」という字もあります。「試験」の「験」は馬を使って、神の答えを知ることを表します。馬は、敏感で霊気を感じると信じられていました。

ため（す）
こころ（みる）

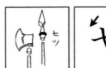

` ` ソ 必 必 必

ヒツ

必

かなら（ず）

意味
かならず

用例
必ず　必要

漢字物語
矛や鉞を柄（細長い棒）につける部分の形を表します。「必」の発音が「かならず」という言葉と同じだったので、「必」を「かならず」の意味で使うようになりました。

もっと知りたい漢字の話
矛や鉞を柄につける部分は「木偏に必」と書きますが、もとの字は「必」です。「必」を神に供えて秘密の儀式（秘儀）を行うのが「秘（祕）」、その秘密の儀式で火を使って祓い清めて、先祖の霊を平安にするのが「密」です。「密」の「山」は「火」が変化した形です。

` 一 ナ 方 扩 扩 拚 旅 旅

リョ

旅

たび

意味
旅

用例
汽車の旅　旅行

漢字物語
竿につけた氏族の旗の形と「从」（人が連なった形）を合わせた字です。氏族の旗を掲げて軍団が遠くへ出かけることを表します。氏族の神を祭るために、方々へ出かけたのです。

もっと知りたい漢字の話

族

ノ　亠　方　方　方　扩　扩　抗　旅　族

ゾク

族

意味
<ruby>血<rt>けつ</rt></ruby><ruby>族<rt>ぞく</rt></ruby>　<ruby>種<rt>しゅ</rt></ruby><ruby>族<rt>ぞく</rt></ruby>　グループ

用例
<ruby>家<rt>か</rt></ruby><ruby>族<rt>ぞく</rt></ruby>　<ruby>民<rt>みん</rt></ruby><ruby>族<rt>ぞく</rt></ruby>　<ruby>水<rt>すい</rt></ruby><ruby>族<rt>ぞく</rt></ruby><ruby>館<rt>かん</rt></ruby>

漢字物語
<ruby>竿<rt>さお</rt></ruby>につけた<ruby>氏族<rt>しぞく</rt></ruby>の<ruby>旗<rt>はた</rt></ruby>の<ruby>形<rt>かたち</rt></ruby>と「<ruby>矢<rt>や</rt></ruby>」を<ruby>合<rt>あ</rt></ruby>わせて、<ruby>氏族<rt>しぞく</rt></ruby>の<ruby>旗<rt>はた</rt></ruby>のもとで<ruby>誓<rt>ちか</rt></ruby>った<ruby>軍団<rt>ぐんだん</rt></ruby>を<ruby>表<rt>あらわ</rt></ruby>します。「<ruby>矢<rt>や</rt></ruby>」は<ruby>誓<rt>ちか</rt></ruby>いの<ruby>儀式<rt>ぎしき</rt></ruby>などで<ruby>使<rt>つか</rt></ruby>われました。

もっと知りたい漢字の話
「<ruby>矢<rt>や</rt></ruby>」は、<ruby>誓約<rt>せいやく</rt></ruby>するときに<ruby>折<rt>お</rt></ruby>って、その<ruby>証明<rt>しょうめい</rt></ruby>とされました。<ruby>昔<rt>むかし</rt></ruby>は「<ruby>誓<rt>ちか</rt></ruby>う」の<ruby>意味<rt>いみ</rt></ruby>でも<ruby>使<rt>つか</rt></ruby>われたのです。それで、「<ruby>誓<rt>ちか</rt></ruby>う」の<ruby>字<rt>じ</rt></ruby>には「<ruby>折<rt>お</rt></ruby>る」の<ruby>字<rt>じ</rt></ruby>がパーツとして<ruby>使<rt>つか</rt></ruby>われています。

遊

ノ　亠　方　方　方　扩　扩　旅　旅　遊

ユウ
ユ

遊

あそ（ぶ）

意味
あそぶ

用例
<ruby>遊<rt>あそ</rt></ruby>ぶ　<ruby>遊園地<rt>ゆうえんち</rt></ruby>

漢字物語
<ruby>竿<rt>さお</rt></ruby>につけた<ruby>氏族<rt>しぞく</rt></ruby>の<ruby>旗<rt>はた</rt></ruby>の<ruby>形<rt>かたち</rt></ruby>と「<ruby>子<rt>こ</rt></ruby>」と「<ruby>辶<rt>しんにょう</rt></ruby>」を<ruby>合<rt>あ</rt></ruby>わせて、<ruby>旗<rt>はた</rt></ruby>に<ruby>宿<rt>やど</rt></ruby>る<ruby>氏族<rt>しぞく</rt></ruby>の<ruby>神<rt>かみ</rt></ruby>が<ruby>自由<rt>じゆう</rt></ruby>に<ruby>遊<rt>あそ</rt></ruby>ぶ（<ruby>出歩<rt>であ</rt></ruby>いて<ruby>行動<rt>こうどう</rt></ruby>する）ことを<ruby>表<rt>あらわ</rt></ruby>します。この「<ruby>子<rt>こ</rt></ruby>」は「<ruby>氏子<rt>うじこ</rt></ruby>」を<ruby>表<rt>あらわ</rt></ruby>し、<ruby>氏族<rt>しぞく</rt></ruby>の<ruby>旗<rt>はた</rt></ruby>を<ruby>持<rt>も</rt></ruby>つ<ruby>人<rt>ひと</rt></ruby>を<ruby>表<rt>あらわ</rt></ruby>します。

もっと知りたい漢字の話
「<ruby>遊<rt>ゆう</rt></ruby>」のほかに「<ruby>游<rt>ゆう</rt></ruby>」の<ruby>字<rt>じ</rt></ruby>もありますが、<ruby>昔<rt>むかし</rt></ruby>は<ruby>共通<rt>きょうつう</rt></ruby>の<ruby>部分<rt>ぶぶん</rt></ruby>だけを<ruby>書<rt>か</rt></ruby>いて、どちらの<ruby>意味<rt>いみ</rt></ruby>も<ruby>表<rt>あらわ</rt></ruby>していました。のちに<ruby>遊行<rt>ゆぎょう</rt></ruby>の「<ruby>遊<rt>ゆう</rt></ruby>」と<ruby>游泳<rt>ゆうえい</rt></ruby>の「<ruby>游<rt>ゆう</rt></ruby>」に<ruby>分<rt>わ</rt></ruby>かれました。しかし、<ruby>常用漢字<rt>じょうようかんじ</rt></ruby>では「<ruby>遊<rt>ゆう</rt></ruby>」をどちらの<ruby>意味<rt>いみ</rt></ruby>にも<ruby>使<rt>つか</rt></ruby>います。

` ` シ 氵 氵 沪 治 治 治

意味

おさ　おさ　びょうき
治める　病気をなおす

用例

くに　おさ　びょうき　なお　せいじ　ちりょう
国を治める　病気を治す　政治　治療

ジ
チ

治

おさ（める）
なお（す）

漢字物語

のうこう　はじ　　　　　　　　　ぎしき
「台」は、農耕を始めるときの儀式で、
すき　　　　はら　きよ　ほうさく　いの　　さい　ぎしき
粗（ム）を祓い清め豊作を祈る（ロ）儀式
あらわ　　　　　　　　　　　　みず
を 表 します。それと水（氵）を合わせ
かわ　　　みず　おさ　ぎしき　あらわ
て、川などの水を治める儀式を 表 しま
こだい　こうずい　さいがい　おお　　みず
す。古代は洪水などの災害が多く、水を
おさ　　　　せいじ　さいだい　もんだい
治めることは政治の最大の問題でした。

もっと知りたい漢字の話

l l レ 以 以

意味

〜をもって　〜より

用例

いじょう　いか　いがい　いぜん　いご
以上　以下　以外　以前　以後

イ

以

漢字物語

すき　かたち　あらわ　　　　し　　へんけい　じ
粗の形を表す「ム」の変形した字と
ひと　あ　　　　じ　すき　つか　も
「人」を合わせた字です。粗を使って（持
　　ぎしき　おこな　　　　　　　も
って）儀式を 行 ったので、「〜を持って」
いみ
の意味になりました。

もっと知りたい漢字の話

のうぐ　すき　　すき　は　わ
農具の粗で、粗の刃が分かれているのが「耒」や
すき　は　わ
「力」、粗の刃が分かれていないのが「ム」などで
す。

435

(N3 / 5年)

51 行 50 列

  似 ノ イ 〴 化 化 似 似

意味

に
似る

用例

に　　　　るいじひん
似ている　類似品

ジ

似

に（る）

漢字物語

い　　　　ひと　すき つか　おこな ぎしき
「以」と「人」で、粗を使って 行う儀式
ひと　に　　　　かた　う　つ
などを、人が似たやり方で受け継いで
　　あらわ
いくことを 表します。

もっと知りたい漢字の話

436

(N3 / 5年)

48 行 29 列

  余 ノ 𠆢 𠆢 𠆢 余 余 余

意味

あま　　　あま
余り　あまる

用例

あま　　あま　　よゆう　　よせい
余り　余る　余裕　余生

ヨ

余

あま（る）

漢字物語

かんたん しゅじゅつ つか なが はり かたち
簡単な手術などに使う長い針の 形を
あらわ　　　　　　　 かんぶ　さ　　うみ
表します。それで患部を刺して膿など
だ　　　　　 かんぶ なお　　あんしん
を出しました。患部が治って安心する
よゆう きも あらわ
余裕の気持ちを 表したのでしょう。

もっと知りたい漢字の話

よ　ち　さ　　　 ちか　けが　あくりょう はら
「余」を地に刺して、地下の汚れ（悪霊）を祓い
きよ　　ぎしき　　　　　　 つうこう あんぜん
清める儀式もありました。その儀式で、通行が安全
じょ　あんぜん　　　　　みち　と
になることを「徐」、安全になった道を「途」とい
じょうようかんじ　　　いみ　か
います。常用漢字では「あまる」意味で「余」を使
よ　　　 じ　　よ　　か　　た もの おお
いますが、もとの字は「餘」と書いて「食べ物が多
あま　　　　　　あらわ
くて余る」ことを 表します。

437
（N3／6年）
48 行 31 列

’ ３ ３ ３ ３ ３ 除 除 除 除

意味
の(ぞ)
除く

用例
のぞ　じょせつ　そうじ
除く　除雪　掃除

ジョ

除

の ぞ（く）

漢字物語
かみ　てん　お　　かいだん　あらわ
神が天から降りてくる階段を 表 す「阝」
よ　　しゅじゅつよう　はり　　あ　　　　じ
と「余」（手術用の針）を合わせた字で
かみ　てん　お　　　ばしょ　　よ
す。神が天から降りてくる場所に「余」
はり　　さ　　　はら　きよ　　けが　　のぞ
（針）を刺して、祓い清め、汚れを「除
そうじ　　　　　かみ　むか
き」、きれいに「掃除」して、神を迎え
あらわ
ることを 表 します。

もっと知りたい漢字の話

438
（N4／2年）
48 行 30 列

一 十 サ ヴ 艾 苁 苹 茶 茶

意味
ちゃ
お茶

用例
ちゃ　こうちゃ　さどう　きっさてん
お茶　紅茶　茶道　喫茶店

チャ
サ

茶

漢字物語
くさ　　　よ　　しゅじゅつよう　はり　　へんけい
「艹」（草）と「余」（手術用の針）の変形
あ　　　　じ　　　こだい　　ちゃ　くすり
を合わせた字です。古代、「茶」は薬で
しゅじゅつ　　　　　　　　の
した。手 術 したときなどに飲んだので
いま　　　　　　よゆう　　　　　　　　の
しょう。今は、ひまで余裕があるときに
飲みます。

もっと知りたい漢字の話

224

439
(N5/2年)
52 行 23 列

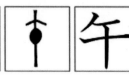

ノ ー ― 午

ゴ

午

意味
ひる

用例
正午　午前　午後

漢字物語
杵の形です。神を迎える儀式で使いました。また、昔の中国では時間を十二の動物で表しました。その言い方では正午ごろを「馬の時刻」と呼んで「午」と書きました。それで「ひる」の意味になったのです。

もっと知りたい漢字の話
「午」（杵）を使って汚れを防ぐ儀式を表すのが防御の「御（禦）」です。また、昔の中国では時間や方角を十二の動物で表し、南や正午ごろを「うま」の時刻といって「午」と書き、北や真夜中ごろを「ねずみ」で表し「子」と書きました。

440
(N3/5年)
52 行 24 列

、 二 二 亖 言 言 訏 訏 許

キョ

許

意味
ゆるす　〜のところ

用例
許す　許可　免許

漢字物語
神に祈って誓うことを表す「言」と「午」（杵）を合わせた字です。神が祈りを受け入れ、「許す」ことを表します。

もっと知りたい漢字の話

ゆる（す）

441
（N3／4年）
50 行 4 列

単

タン

筆順: 丶 丶 ⺍ ⺍ 严 严 当 兯 単

意味
ただひとつ

用例
簡単　単調　単語　単独で行う

漢字物語
羽飾りをつけた円形の盾の形です。昔の中国では、軍隊の一つの隊を「単」と言ったので、「ひとつ」の意味になりました。

もっと知りたい漢字の話
もとは「單」と書きましたが、今は「単」と書きます。昔の中国では、一隊を「単」、三単を「軍」と言いました。また、「単」（円形の盾）と「戈」を合わせれば、戦争の「戦」になります。

442
（N3／4年）
44 行 42 列

戦

セン

たたか（う）
いくさ

筆順: 丶 丶 ⺍ 兯 兯 単 単 戦 戦 戦

意味
戦争　戦う

用例
戦う　昔の戦　戦争

漢字物語
「単」（円形の盾）と「戈」を合わせて「戦争」（戦）を表します。

もっと知りたい漢字の話
もとは「戰」と書きましたが、今は「戦」と書きます。

443

（N3／2年）

52 行 49 列

一 十 士 吉 吉 声 声

セイ

こえ

意味

こえ

用例

大きい声　大声で話す　発声　声明

漢字物語

もとの字は「聲」で、磬（石の板の楽器）を打つ（殳）ときの音を表しました。その磬（石の板）は、祈りの声に合わせて打ちました。のちに「声」は、磬（石の板）を打ちながら唱える祈りの「こえ」を表すようになりました。

もっと知りたい漢字の話

444

（N3／4年）

53 行 8 列

一 十 士 吉 吉 吉 壴 喜

キ

喜

よろこ（ぶ）

意味

よろこぶ

用例

喜ぶ　喜劇

漢字物語

太鼓の形と「口」（祈りの器）を合わせた字です。祭りで太鼓を打って、歌って、踊って、神を「喜ばせる」ことを表します。

もっと知りたい漢字の話

445
（N3／3年）
44行29列

一　厂　厅　丙　両　両

リョウ

両

意味

ふたつ

用例

りょうしん　りょうがわ
両親　両側

漢字物語

馬車を馬2頭で引かせるとき、首に当て
る軛の形を表します。

もっと知りたい漢字の話

もとの字は「両」ですが、今は「両」と書きま
す。両天秤の秤の形を表すという説もありま
すが、「輛（輌）」（車両、並ぶ）という字があ
るので、馬車に用いる軛の形と考えられます。

446
（N2／6年）
53行42列

一　厂　厅　戸　百　亩　亩　専　専

セン

もっぱ（ら）

意味

もっぱら

用例

もっぱ　せんもん　せんもんか　せんもんがっこう
専ら　専門　専門家　専門学校

漢字物語

もとの字は「專」と書きました。物を詰
め込んで口を縛った袋を表す「叀」と
手を表す「寸」を合わせた字です。物を
詰め込んで、手で固く丸めた袋の口を
紐で縛った形を表します。

もっと知りたい漢字の話

「専」を包んだ「かたまり」を表す字が「団（團）」
です。

228

447
（N3/4 年）
53 行 46 列

傳 伝　　イ 仁 伝 伝

意味
つたえる　つたわる

用例
手伝う　伝える　伝言　伝説　伝染病

デン

伝

つた（える）
つた（う）

漢字物語
もとの字は「傳」と書きました。作物の種などを詰め込んで丸く固めた袋を表す「專（専）」に「イ」（人）を加えて、その袋（専）を人に渡して、「伝える」ことを表します。

もっと知りたい漢字の話

448
（N4/3 年）
53 行 44 列

車 專 転 □　　一 百 亘 車 車 車 転 転

意味
ころがる　ころぶ

用例
転がる　転ぶ　自転車　横転する

テン

転

ころ（がる）
ころ（ぶ）

漢字物語
もとの字は「轉」と書きました。種などを詰め込んで丸くなった袋（専）と「車」（車輪）を合わせて、丸い物が「ころがる」ことを表します。

もっと知りたい漢字の話

449
（N3／2年）
44行34列

セン

船

ふね
ふな

' ｢ 力 月 角 舟 舟ゝ 船 船 船

意味
ふね

用例
<ruby>大<rt>おお</rt></ruby>きい<ruby>船<rt>ふね</rt></ruby>　<ruby>船長<rt>せんちょう</rt></ruby>　<ruby>客船<rt>きゃくせん</rt></ruby>

漢字物語
「谷」は、<ruby>祝詞<rt>のりと</rt></ruby>を<ruby>入<rt>い</rt></ruby>れる<ruby>器<rt>うつわ</rt></ruby>（<ruby>口<rt>さい</rt></ruby>）に<ruby>神<rt>かみ</rt></ruby>が<ruby>降<rt>お</rt></ruby>りてくる（八）ことを<ruby>表<rt>あらわ</rt></ruby>します。それに「氵」（<ruby>水<rt>みず</rt></ruby>）を<ruby>加<rt>くわ</rt></ruby>えれば「<ruby>沿<rt>えん</rt></ruby>」になり、<ruby>水<rt>みず</rt></ruby>が<ruby>低<rt>ひく</rt></ruby>い<ruby>所<rt>ところ</rt></ruby>に<ruby>沿<rt>そ</rt></ruby>って<ruby>流<rt>なが</rt></ruby>れることを<ruby>表<rt>あらわ</rt></ruby>します。その<ruby>流<rt>なが</rt></ruby>れに<ruby>沿<rt>そ</rt></ruby>って<ruby>進<rt>すす</rt></ruby>むのが「<ruby>船<rt>ふね</rt></ruby>」なのです。

もっと知りたい漢字の話
<ruby>融<rt>と</rt></ruby>けて<ruby>液体<rt>えきたい</rt></ruby>のように<ruby>流<rt>なが</rt></ruby>れる<ruby>金属<rt>きんぞく</rt></ruby>が「<ruby>鉛<rt>なまり</rt></ruby>」です。「<ruby>兄<rt>けい</rt></ruby>」が<ruby>神<rt>かみ</rt></ruby>に<ruby>祈<rt>いの</rt></ruby>って、<ruby>神<rt>かみ</rt></ruby>が<ruby>降<rt>お</rt></ruby>りてくることを<ruby>表<rt>あらわ</rt></ruby>す<ruby>字<rt>じ</rt></ruby>が「<ruby>兌<rt>えつ</rt></ruby>」、<ruby>神<rt>かみ</rt></ruby>を<ruby>迎<rt>むか</rt></ruby>えて<ruby>喜<rt>よろこ</rt></ruby>ぶ<ruby>心<rt>こころ</rt></ruby>が「<ruby>悦<rt>えつ</rt></ruby>」、<ruby>神<rt>かみ</rt></ruby>が「<ruby>兄<rt>けい</rt></ruby>」の<ruby>肉体<rt>にくたい</rt></ruby>に<ruby>入<rt>はい</rt></ruby>って、<ruby>心<rt>こころ</rt></ruby>が<ruby>肉体<rt>にくたい</rt></ruby>を<ruby>離<rt>はな</rt></ruby>れ（<ruby>離脱<rt>りだつ</rt></ruby>して）エクスタシー<ruby>状態<rt>じょうたい</rt></ruby>になるのが「<ruby>脱<rt>だつ</rt></ruby>」、<ruby>憑依<rt>ひょうい</rt></ruby>した（<ruby>肉体<rt>にくたい</rt></ruby>に<ruby>入<rt>はい</rt></ruby>った）<ruby>神<rt>かみ</rt></ruby>の<ruby>言葉<rt>ことば</rt></ruby>を<ruby>説<rt>と</rt></ruby>くのが「<ruby>説<rt>せつ</rt></ruby>」です。

450
（N2／常用）
50行15列

カイ

介

ノ 人 介 介

意味
へだてる　<ruby>間<rt>あいだ</rt></ruby>に<ruby>入<rt>はい</rt></ruby>る

用例
<ruby>紹介<rt>しょうかい</rt></ruby>　<ruby>介入<rt>かいにゅう</rt></ruby>する

漢字物語
<ruby>体<rt>からだ</rt></ruby>の<ruby>前<rt>まえ</rt></ruby>と<ruby>後<rt>うし</rt></ruby>ろに<ruby>鎧<rt>よろい</rt></ruby>をつけた<ruby>人<rt>ひと</rt></ruby>の<ruby>形<rt>かたち</rt></ruby>を<ruby>表<rt>あらわ</rt></ruby>します。<ruby>鎧<rt>よろい</rt></ruby>は<ruby>体<rt>からだ</rt></ruby>を<ruby>隔<rt>へだ</rt></ruby>てて<ruby>守<rt>まも</rt></ruby>るので、「へだてる」<ruby>意味<rt>いみ</rt></ruby>になりました。

もっと知りたい漢字の話

451
（N4／3年）
50行16列

界

ー 冂 冂 冂 田 田 甼 界 界 界

意味
境　世界
さかい　せかい

用例
世界　境界　政界　財界
せかい　きょうかい　せいかい　ざいかい

カイ

界

漢字物語
「田」と「介」を合わせて、田と田を隔
た　かい　あ　た　た　へだ
てる境界（田と田の間の境）を表し
きょうかい　た　た　あいだ　さかい　あらわ
ます。

もっと知りたい漢字の話

452
（N4／2年）
59行22列

計

丶 二 亠 亖 言 言 言 言 計

意味
計る　計算する
はか　けいさん

用例
時間を計る　時計　温度計　計算
じかん　はか　とけい　おんどけい　けいさん

ケイ

計

はか（る）

漢字物語
「言」と「十」で、数をまとめて言う
げん　じゅう　かず　い
ことを表し、「計算する」の意味になり
あらわ　けいさん　いみ
ます。

もっと知りたい漢字の話
「計」の「十」のもとの形は「卜」で、占いと
けい　じゅう　かたち　ぼく　うらな
関係があるだろうと言われていますが、詳しいこ
かんけい　い　くわ
とは分かっていません。占いの結果を計算するこ
わ　うらな　けっか　けいさん
とを表すとも言われています。
あらわ　い

231

453

（N4／3年）

6行42列

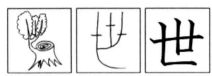

一十廿世世

セ
セイ

世

よ

意味

（よ）（せなか）（せだい）
世の中　世代

用例

（よ）（なか）（せだい）（せかい）（せい）
世の中　世代　世界　エリザベス２世

漢字物語

（き）（き）（かぶ）（め）（だ）（えだわ）
木が、切り株から芽を出して、枝分かれ
（かたち）（あらわ）（せい）（に）
した形を表します。「生」と似ていま
（せい）（くさ）（あらわ）
すが、「生」は草を表します。

もっと知りたい漢字の話

（き）（えだわ）（えだ）（さき）（あお）（みどり）
木が枝分かれして、その枝の先の青い（緑の）と
（は）（は）
ころが「葉」です。そして、「葉」のような羽を も
（むし）（ちょう）
つ虫が「蝶」です。

454

（N5／2年）

42行38列

丶ニ言言言訂訂訶語語

ゴ

語

かた（る）

意味

（かた）（ことば）
かたる　ことば

用例

（かた）（ものがたり）（にほんご）（えいご）（げんご）
語る　物語　日本語　英語　言語

漢字物語

（げん）（さい）（のりと）（うつわ）（うえ）（しん）
「言」は、「口」（祝詞の器）の上に「辛」
（い）（ずみ）（はり）（お）（かみ）（ちか）（ことば）
（入れ墨の針）を置いて神に誓う言葉を
（あらわ）（ご）（さい）（のりと）（うつわ）
表します。「吾」は、「口」（祝詞の器）
（うえ）（がた）（にじゅう）（ふた）（お）（いの）
の上にX型の二重の蓋を置いて、祈りの
（こうりょく）（まも）（あらわ）（げん）
効力を守ることを表します。「言」と
（ご）（あ）（かみ）（いの）（かた）（ことば）
「吾」を合わせて、神に祈り、語る言葉
（あらわ）
を表します。

もっと知りたい漢字の話

（のりと）（い）（き）（あらわ）（さい）（うえ）（しん）（い）
祝詞を入れる器を表す「口」の上に、「辛」（入れ
（ずみ）（はり）（お）（かみ）（ちか）（やくそく）（せいやく）（やぶ）
墨の針）を置くのは、神に誓った約束（誓約）を破
（い）（けいばつ）（う）（いみ）
ったときは、入れ墨の刑罰を受けるという意味が
あります。

455

（N3／3年）
55 行 45 列

フ マ ヌ 予

ヨ

予

意味
あらかじめ（前もって）

用例
予定　天気予報　予想

漢字物語
布を織るとき、縦糸（経）の間に横糸（緯）を通す道具を杼と言います。「予」は、杼から糸が垂れている形を表します。常に体の前で使うからでしょうか、常用漢字では「前に、前もって」の意味で使います。

もっと知りたい漢字の話
常用漢字の「予」のもとの字は「豫」です。「豫」は象によって前もって占うことを表すとも言われています。

456

（N4／2年）
55 行 46 列

丶 口 日 甲 甲 里 里 野 野 野

ヤ

野

の

意味
野原　いなか

用例
野原　平野　野球　野外コンサート

漢字物語
田の神を祭った神社のある里を表す「里」（No.180）と「予」を合わせて、神社のある田舎を表します。「予」は読み方（音読み）を表します。

もっと知りたい漢字の話
太古の漢字（金文）では「埜」と書きました。神社（土）のある林を表します。

457

（N5／1年）

34 行 39 列

 ノ 入

ニュウ

い（れる）
はい（る）

意味
いれる　はいる

漢字物語
入り口の形を表します。

用例
入る　入れる　入学　入場　入院

もっと知りたい漢字の話

458

（N3／2年）

34 行 41 列

  丨 冂 内 内

ナイ
ダイ

うち

意味
うち

漢字物語
家の入り口の形を表します。

用例
内側　室内　国内　学内　神社の境内

もっと知りたい漢字の話

459

(N3／2年)

59 行 36 列

｜ 冂 冂 冋 回 回

意味

まわる　まわす　回数（かいすう）

用例

回（まわ）る　回数（かいすう）　回転（かいてん）　次回（じかい）

カイ

回

まわ（る）

漢字物語

川（かわ）の深（ふか）い所（ところ）（淵（ふち））を流（なが）れるときにできる渦（うず）の形（かたち）です。「周（まわ）り」ではなく「回（まわ）る」（動詞（どうし））というときに使（つか）います。

もっと知りたい漢字の話

460

(N4／2年)

35 行 20 列

｜ 冂 冂 冈 図 図 図

意味

図（ず）　えがく　図（はか）る（計画（けいかく）する）

用例

図（はか）る　地図（ちず）　図表（ずひょう）　図書館（としょかん）

ズ
ト

はか（る）

漢字物語

地図（ちず）を表（あらわ）します。

もっと知りたい漢字の話

もとの字（じ）は「圖（ず）」です。米（こめ）を蓄（たくわ）える倉（くら）の場所（ばしょ）を示（しめ）す地図（ちず）を表（あらわ）します。

235

461
(N3／6年)
35行22列

コン

困

こま（る）

意味

こまる

用例

困_{こま}る　困難_{こんなん}　貧困_{ひんこん}

漢字物語

町_{まち}の入_いり口_{ぐち}の門_{もん}に、通行止_{つうこうど}めの横木_{よこぎ}を置_おいて、出入_{でい}りを禁止_{きんし}することを表_{あらわ}します。町_{まち}に入_{はい}れなくて「こまる」のです。

もっと知りたい漢字の話

盆栽_{ぼんさい}のように、木_きが小_{ちい}さい枠_{わく}に入_いれられ大_{おお}きくなれない形_{かたち}を表_{あらわ}すという説_{せつ}もありますが、「闇_{こん}」や「梱_{こん}」は門_{もん}の内_{うち}と外_{そと}を分_わける仕切_{しき}りを表_{あらわ}すので、「通行止_{つうこうど}めの横木_{よこぎ}」と考_{かんが}えた方_{ほう}がいいでしょう。

462
(N3／4年)
21行26列

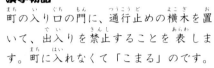

ロウ

老

ふ（ける）
お（い）

意味

年_{とし}をとる　年寄_{としよ}り

用例

年老_{としお}いた母_{はは}　老_ふける　老人_{ろうじん}　長老_{ちょうろう}

漢字物語

長_{なが}い髪_{かみ}の長老_{ちょうろう}を表_{あらわ}す「耂」と死者_{ししゃ}を表_{あらわ}す「匕」を合_あわせて、老人_{ろうじん}を表_{あらわ}します。

もっと知りたい漢字の話

463

（N4／2年）

47 行 29 列

一 十 土 耂 耂 考

コウ

考

かんが（える）

意味

かんがえる

用例

考える　参考書　思考力　考案する

漢字物語

長髪の長老を表す「耂」と工作用のナイフを表す「丂」（「考」のパーツは少し変形しています）を合わせて、工作する時に考えて工夫することを表します。「丂」は読み方を表します。

もっと知りたい漢字の話

上手に工作するのは「巧」（たくみ）で、「技巧」のように使います。

464

（N2／6年）

22 行 34 列

  乳

一 ˊ ˊˊ ˊˊ 孚 孚 孚 乳

ニュウ

乳

ちち

ち

意味

乳

用例

牛の乳　乳首　母乳　牛乳　授乳

漢字物語

母親が乳児（赤ちゃん）に授乳する（乳を飲ませる）形です。

もっと知りたい漢字の話

237

`丶 ラ ネ ネ 礼`

レイ
ライ

礼

意味
礼儀

用例
お礼　礼状　失礼

漢字物語
神（示）に祈る人を 表します。

もっと知りたい漢字の話
もとの字は「禮」で、祭壇に供え物（豊）をして祈ることを 表します。「礼」の字は少し新しい漢字（古文）です。常用漢字では「礼」を使います。

`フ コ 己`

コ
キ

己

おのれ

意味
自分

用例
自己紹介

漢字物語
定規や糸巻きの形を表します。「己」が「おのれ（わたし）」という言葉と同じ発音だったので、「己」をその意味で使うようになりました。

もっと知りたい漢字の話
糸を巻き取っておさめることが「紀」、糸を巻き取るように言葉を整理して書き留めることが「記」、糸巻きの形のように身体を折り曲げて 跪き、神に祈るときの心、つまり、身を清め汚れを避ける心が「忌」なのです。

467
(N4 / 3年)
14 行 36 列

一　十　土　キ　キ　赱　走　起　起　起

意味
起きる　起こる

用例
起きる　起床時間　起源

キ

起

お（きる）

漢字物語
もとの字は「走」と「己」ではなく「巳」を書きます。「巳」は蛇が頭を高く上げた形ですから、「起」は蛇が頭を高く上げて進むことを表します。それで、「身体を高く上げる」「立ち上がる」「起きる」の意味になったのです。常用漢字では「巳」の代わりに「己」を書きます。

もっと知りたい漢字の話

468
(N4 / 2年)
54 行 31 列

、　ソ　ソ　ゾ　ゞ　弟　弟

意味
おとうと　弟子

用例
兄と弟　兄弟　末弟　師弟　弟子

ダイ
テイ
デ

弟

おとうと

漢字物語
戈などを順序よく並べて革紐で束ねることを表します。兄弟で、順序が後の方の「おとうと」を表すようになりました。

もっと知りたい漢字の話
戈ではなく竹簡（竹の札）を束ねたのが「第」です。

239

ノ ト ド 竹 笁 笁 笁 笛 第

意味
じゅんじょ　ごうかく
順序　合格

用例
だいいっか　だいにじせかいたいせん　しだい　らくだい
第一課　第二次世界大戦　次第に　落第する

ダイ

第

漢字物語
ちくかん　たけ　ふだ　じゅんじょ　なら　たば
竹簡（竹の札）を順序よく並べて束ね
あらわ
ることを表します。

もっと知りたい漢字の話
だい　ふる　かんじ　だい
「第」の古い漢字は「弟」と同じでしたが、「弟」
いみ　つか　だい
が「おとうと」の意味で使われるようになったの
じゅんじょ　いみ　だい
で、「順序」の意味の「第」ができました。

丶 亠 亠 亣 市

意味
いち　とし
市　都市

用例
うおいちば　あさいち　とし　しみん
魚市場　朝市　都市　市民

シ

いち

漢字物語
いちば　ひょうしき　かたち
市場（マーケット）に立てる標識の形
あらわ　いちば　ひょうしき　た
を表します。市場には標識を立てて、
やくにん　かんり
役人が管理しました。

もっと知りたい漢字の話
ぐんたい　きち　なか　もう　かみ　ばしょ　しめ
軍隊の基地の中に設けられた神の場所を示す
ひょうしき　さき　するど　とが　かたち　たば
標識（先が鋭く尖った形をしている）が「束」、
はら　きよ　かみ　ばしょ　しめ　ひょうしき　さい
祓い清められた神の場所を示す標識が「才」です。

471
(N4／2年)
51 行 18 列

くｸ女女'女'妒妒妒姉

シ

姉

あね

意味
あね

用例
<ruby>姉<rt>あね</rt></ruby>と<ruby>妹<rt>いもうと</rt></ruby>　<ruby>姉妹<rt>しまい</rt></ruby>

漢字物語
もとの字は右のパーツが「<ruby>市<rt>し</rt></ruby>」ではなく上の<ruby>図<rt>ず</rt></ruby>のような<ruby>字<rt>じ</rt></ruby>を<ruby>書<rt>か</rt></ruby>いて、<ruby>境界<rt>きょうかい</rt></ruby>を<ruby>示<rt>しめ</rt></ruby>す<ruby>標識<rt>ひょうしき</rt></ruby>を<ruby>表<rt>あらわ</rt></ruby>しました。それで「姉」は、もと、<ruby>女性<rt>じょせい</rt></ruby>の<ruby>地位<rt>ちい</rt></ruby>、<ruby>身分<rt>みぶん</rt></ruby>を<ruby>表<rt>あらわ</rt></ruby>す<ruby>字<rt>じ</rt></ruby>だろうと<ruby>言<rt>い</rt></ruby>われています。

もっと知りたい漢字の話
「<ruby>姐<rt></rt></ruby>」も、「姉」の意味がありますが、「<ruby>母<rt>はは</rt></ruby>」の<ruby>意味<rt>いみ</rt></ruby>もあります。

472
(N3／4年)
11 行 20 列

 官

`, ｀, ｳ, ｳ, ｳ, ｳ, 官, 官

カン

官

意味
<ruby>役人<rt>やくにん</rt></ruby>　<ruby>役所<rt>やくしょ</rt></ruby>

用例
<ruby>警察官<rt>けいさつかん</rt></ruby>　<ruby>官庁<rt>かんちょう</rt></ruby>

漢字物語
<ruby>廟<rt>びょう</rt></ruby>（<ruby>神社<rt>じんじゃ</rt></ruby>）を<ruby>表<rt>あらわ</rt></ruby>す「<ruby>宀<rt>べん</rt></ruby>」と<ruby>神<rt>かみ</rt></ruby>に<ruby>供<rt>そな</rt></ruby>えた<ruby>肉<rt>にく</rt></ruby>を<ruby>表<rt>あらわ</rt></ruby>す「<ruby>㠯<rt>し</rt></ruby>」を<ruby>合<rt>あ</rt></ruby>わせた<ruby>字<rt>じ</rt></ruby>です。<ruby>軍隊<rt>ぐんたい</rt></ruby>が<ruby>戦争<rt>せんそう</rt></ruby>に<ruby>行<rt>い</rt></ruby>くとき、<ruby>神<rt>かみ</rt></ruby>に<ruby>肉<rt>にく</rt></ruby>を<ruby>供<rt>そな</rt></ruby>えて<ruby>戦争<rt>せんそう</rt></ruby>に<ruby>勝<rt>か</rt></ruby>つ<ruby>祭<rt>まつ</rt></ruby>りをし、その<ruby>祭肉<rt>さいにく</rt></ruby>（<ruby>神<rt>かみ</rt></ruby>に<ruby>供<rt>そな</rt></ruby>えた<ruby>肉<rt>にく</rt></ruby>）を<ruby>持<rt>も</rt></ruby>って<ruby>戦争<rt>せんそう</rt></ruby>に<ruby>行<rt>い</rt></ruby>きました。<ruby>戦地<rt>せんち</rt></ruby>で、その<ruby>祭肉<rt>さいにく</rt></ruby>を<ruby>置<rt>お</rt></ruby>く<ruby>神聖<rt>しんせい</rt></ruby>な<ruby>所<rt>ところ</rt></ruby>を「<ruby>官<rt>かん</rt></ruby>」と<ruby>言<rt>い</rt></ruby>ったのです。<ruby>祭肉<rt>さいにく</rt></ruby>を<ruby>置<rt>お</rt></ruby>いた<ruby>建物<rt>たてもの</rt></ruby>には<ruby>将軍<rt>しょうぐん</rt></ruby>たちが<ruby>泊<rt>と</rt></ruby>まったので、<ruby>将軍<rt>しょうぐん</rt></ruby>たちを「<ruby>官<rt>かん</rt></ruby>」と<ruby>呼<rt>よ</rt></ruby>ぶようになりました。

もっと知りたい漢字の話
<ruby>祭肉<rt>さいにく</rt></ruby>を<ruby>置<rt>お</rt></ruby>いた<ruby>建物<rt>たてもの</rt></ruby>には<ruby>将軍<rt>しょうぐん</rt></ruby>たちが<ruby>泊<rt>と</rt></ruby>まったので、<ruby>将軍<rt>しょうぐん</rt></ruby>たちを「<ruby>官<rt>かん</rt></ruby>」と<ruby>言<rt>い</rt></ruby>うようになり、その<ruby>建物<rt>たてもの</rt></ruby>を「<ruby>館<rt>かん</rt></ruby>」と<ruby>言<rt>い</rt></ruby>います。

473
（N4／3年）
11 行 21 列

食 飣 飣 飦 飦 館 館

意味
公共の大きい建物

用例
図書館　博物館　美術館　水族館

カン

館

漢字物語
軍隊は祭肉（神に供えて戦勝を祈った肉）を持って、戦争に行きました。戦地では、その祭肉を置いた建物に、将軍たち（官）も泊まりました。その建物を「館」と言ったのです。（「官」No. 472 を読んでください。）

もっと知りたい漢字の話

474
（N3／3年）
52 行 9 列

丨 冂 目 目 且 助 助

意味
たすける

用例
助ける　救助　援助　助手　助詞

ジョ

助

たす（ける）
すけ

漢字物語
「且」（平らな刃の鋤）と「力」（刃の分かれた耜）を合わせて、田を耕す農作業を表します。田を耕す農耕作業はたいへんなので、みんなで助け合ったのです。

もっと知りたい漢字の話
「且」は、肉や野菜を切るときに使う俎を表します。俎は、その上で食べ物を切るきれいな道具ですから、神に供え物をするときに使いました。俎の上に肉などを置いて供えたのです。「祖」などの「且」は俎の形です。しかし、俎の形に似て平らな形をした鋤の刃を表すこともあります。「助」や「鋤」の「且」は鋤の刃を表します。

242

475

火 灯 灯 灯 炒 焼 焼 焼 焼

意味
　焼く　焼ける

用例
　焼く　焼ける　焼失　全焼

ショウ

焼

や（く）

漢字物語
もとの字は「燒」です。「堯」は土器を積み重ねた形を表します。「燒」は積み重ねた土器を火で焼くことを表します。焼いた土器が「焼き物」です。常用漢字では「堯」を「尭」と書きます。

もっと知りたい漢字の話

476

　人 乍 作

ノ イ イ 乍 乍 作作

意味
　作る

用例
　作る　作品　作者　動作　作用

サク
サ

作

つく（る）

漢字物語
木の枝を折り曲げて（乍）垣根などを作ることを表します。

もっと知りたい漢字の話
「昨」や「酢」の「乍」は、発音の近かった「昔」の代わりに使われています。また、木の枝を折り曲げ（乍）、狭い穴に詰めて（窄）、手（扌）で押しつぶし、汁を「搾る」のが「搾」です。

477

（N3／常用）
31 行 20 列

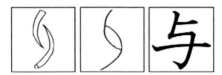

一　与　与

ヨ

与

あた（える）

意味

あたえる　仲間（なかま）

用例

与（あた）える　貸与（たいよ）する　与党（よとう）

漢字物語

二本（にほん）の象牙（ぞうげ）の形（かたち）を表（あらわ）します。高価（こうか）な象牙（ぞうげ）を「あたえる」という意味（いみ）や、高価（こうか）な象牙（ぞうげ）をいっしょに運（はこ）ぶ「仲間（なかま）」の意味（いみ）があります。

もっと知りたい漢字の話

「与」のもとの字（じ）は「與」で、「与」と「舁（よ）」を合（あ）わせた字（じ）です。「舁（よ）」は「臼（きょく）」と「廾（きょう）」で、上下（じょうげ）に両手（りょうて）を書（か）いて、四本（よんほん）の手（て）を表（あらわ）します。「与」は「牙（きば）」の字（じ）の変形（へんけい）で、象牙（ぞうげ）を表（あらわ）します。昔（むかし）は中国（ちゅうごく）にも象（ぞう）がいて、美（うつく）しい象牙（ぞうげ）はとても高価（こうか）でした。「與」は高価（こうか）な象牙（ぞうげ）を仲間（なかま）といっしょに届（とど）けることを表（あらわ）し、その美（うつく）しい象牙（ぞうげ）をプレゼントとして「あたえる」意味（いみ）や、そのプレゼントをいっしょに届（とど）ける「仲間（なかま）」の意味（いみ）になりました。

478

（N4／3年）
57 行 33 列

寫　写

ˊ　宀　宀　写　写

シャ

写

うつ（す）

意味

写（うつ）す

用例

写真（しゃしん）を写（うつ）す　写真（しゃしん）に写（うつ）る　写真（しゃしん）

漢字物語

もとの字（じ）は「寫（しゃ）」と書（か）きます。「宀（べん）」は廟（びょう）（神社（じんじゃ））を表（あらわ）し、「舄（せき）」は飾（かざ）りのついた儀式用（ぎしきよう）の靴（くつ）を表（あらわ）します。儀式（ぎしき）のとき、その靴（くつ）に履（は）き替（か）えるので「移（うつ）す、移（うつ）る」の意味（いみ）になり、形（かたち）を「写（うつ）す、写（うつ）る」の意味（いみ）のなったのです。常用漢字（じょうようかんじ）では省略（しょうりゃく）して「写」と書（か）きます。

もっと知りたい漢字の話

潮（しお）（海（うみ）の水（みず））が引（ひ）いて干潟（ひがた）になったり、潮（しお）が満（み）ちて海（うみ）になったりして地形（ちけい）が移（うつ）り変（か）わる所（ところ）を「潟（かた）」と言（い）います。「新潟（にいがた）」という所（ところ）もあります。「写」は俗字（ぞくじ）ですが、常用漢字（じょうようかんじ）で使（つか）います。

479

（N2／4年）

2 行 27 列

歴歴

一 厂 厈 麻 麻 麻 麻 歴

意味
けいか
経過する　経歴
けいれき

用例
れきし　けいれき
歴史　経歴

レキ

歴

漢字物語
もとの字は「歴」です。「麻」は崖（厂）
した　ぐんもん　ぐん　きち　もん　あらわ
の下の軍門（軍の基地の門）を 表 しま
し　あしあと　あらわ
す。「止」は足跡を 表 しますから、「歴」
せんそう　けいけん　こうせき　あらわ
は戦争での経験や功績を 表 します。
じょうようかんじ　りゃく　れき　か
常用漢字では略して「歴」と書きます。

もっと知りたい漢字の話

480

（N2／3年）

53 行 35 列

糸東練

糸 糸 糸 糸 糸 紳 紳 練 練

意味
ね
練る

用例
こむぎこ　ね　れんしゅう　みれん
小麦粉を練る　練習　未練

レン

練

ね（る）

漢字物語
もとの字は「練」です。「東」は束にし
いと　ね　に　あら　も
た糸などを練る（煮たり洗ったり揉んだ
こま　やわ　あらわ
りして細かく柔らかくする）ことを 表
あらわ
しますから、「練」は糸（生糸）を練っ
れん　いと　きいと
て柔らかくすることを 表 します。「きた
やわ　あらわ
える、みがく」の意味があります。
い み

481
（N3／4年）
5行44列

｜ ⼝ ⼞ 日 旦 甲 果 果

カ

果

は（たす）

意味
くだもの　果たす　果てる

用例
果たす　果てる　果実
果物（くだもの）

漢字物語
木に果実（果物）がなっている形です。
実がなって成長が完成するので、「はた
す」の意味にもなりました。

もっと知りたい漢字の話

482
（N2／4年）
5行45列

言果課

言 言 訂 評 評 評 課 課 課

カ

課

意味
課す（義務として割り当てる）　任務

用例
第一課　課題　課長

漢字物語
「はたす」意味の「果」と「言」をあわ
せた字です。「果たさなければならない
言葉」つまり「課せられた課題」を表し、
「割り当てられた仕事」の意味で使いま
す。「果」は読み方を表します。

もっと知りたい漢字の話

483
（N3／5年）
6行27列

丶 ㇀ ㅏ ㅐ 忄 㤅 忤 性 性

セイ
ショウ

性

意味
生まれつき　性

用例
性質　性格　女性　男性

漢字物語
生まれつき（生）もっている心（忄）を表します。「生」は読み方を表します。

もっと知りたい漢字の話

484
（N4／4年）
7行10列

一 フ オ 不

フ

不

意味
〜ない

用例
不十分　不完全　不公平　不安　不満

漢字物語
花の萼の形です。否定の「〜ない」と「不」が同じ発音だったので、「不」を否定の意味で使いました。それに、花の萼が虫などを拒む形をしているので、否定のイメージが生まれたのでしょう。

もっと知りたい漢字の話
萼（不）のしべの部分が胚胎して膨らみ始めた形が「丕」（大きい意味）、それが実になった形が「否」（大きい意味）、実が熟して割れようとしている形が「倍」の右のパーツで、割れて二つに分かれるのが「剖」です。ただ、「否」には、祝詞の器（口）を供えて祈っても神に否定されるという、別の系統の字もありますが、今は同じ字として両方の意味で使います。「不用心、不器用、不気味」など「ブ」と読む時の「不」は「無」と置き換えて「無用心、無器用、無気味」とも書きます。

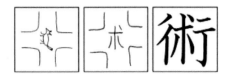

意味

すべ（しかた、やりかた）

用例

しゅじゅつ　ぎじゅつ　まじゅつ
手術　技術　魔術

ジュツ

術

漢字物語

十字路（行）で霊力の強い獣（朮）
を使って行う儀式の「すべ」（しかた、
やりかた）を表します。その儀式で、軍
の進退（軍隊が進んだほうがいいか退
いたほうがいいか）などを占いました。

もっと知りたい漢字の話

「術」の儀式を道路で行うのが「述」です。シ
ャーマン（Shaman、呪術師）が占いの結果（神の
声）をみんなに「のべる」、そして、みんなはその
結果に「したがう」という意味です。

意味

かわ
革　あらためる

用例

かわぐつ　ひかく　かくめい　かいかく
革靴　皮革　革命　改革

カク

革

漢字物語

どうぶつ　あたま　てあし　かわ
動物の頭から手足までの皮をなめして
やわ　　　　　　　ひろ　かたち　あらわ
（柔らかくして）広げた形を表しま
す。

もっと知りたい漢字の話

「革」は「皮」を加工したものなので、「あらため
る」の意味も生まれました。社会や制度を「あら
ためる」のが「改革」です。

かわ

ノ 厂 广 皮 皮

意味
かわ
皮

用例
うすい皮　毛皮　皮膚

ヒ

皮

かわ

漢字物語
動物の皮を手（又）ではぎ取る形を表します。

もっと知りたい漢字の話

サ 芐 苢 萁 莿 剿 漛 斳 難

意味
むずかしい

用例
難しい　信じ難い　困難　難題

ナン

難

むずか（しい）
かた（い）

漢字物語
「莫」と「隹」（鳥）を合わせた字です。雨が降らなければ、作物が枯れてしまうので、巫女は雨乞いの儀式を行いました。しかし、それでも雨が降らないときは、雨乞いに失敗した巫女を焼きました。神の怒りを鎮めるために、巫女の頭に祝詞の器（口）をのせて焼いたのです。そのようにして焼かれる巫女を表すのが「莫」です。神が怒っているから災害が起きると信じられていたのです。「難」は、雨乞いも鳥（隹）による占いもうまくいかない難局（困難な時）を表すのでしょう。

もっと知りたい漢字の話
太古の漢字（金文）では「莫」の部分が「黄」の下に「火」を加えた形に見えるので、火矢（黄）で鳥（隹）を射る儀式を表し、その難しさを表すのだろうという説もありますが、よく分かっていません。そもそも、「莫」は雨乞い（需）がうまくいかない時に、祝詞の器（口）を頭にのせた巫女を焼く形を表します。「勤」の左のパーツも同じで、飢饉に関連しています。

サ 苫 芇 革 菫 蓳 勤

意味
<ruby>勤<rt>つと</rt></ruby>める

用例
<ruby>会社<rt>かいしゃ</rt></ruby>に<ruby>勤<rt>つと</rt></ruby>める　<ruby>勤務<rt>きんむ</rt></ruby>　<ruby>出勤<rt>しゅっきん</rt></ruby>　<ruby>欠勤<rt>けっきん</rt></ruby>

キン
ゴン

勤

つと（める）

漢字物語
「菫」と「力」（耜）を合わせた字です。「菫」も「莫」と同じで、雨乞いに失敗した巫女を焼く形です。「勤」は、雨乞い（菫）に励み、農耕（力）に励み、飢饉にならないように農業に励むことを表します。今は、「勤務」の意味で使います。

もっと知りたい漢字の話

氵 氵 汁 洃 洃 洂 洂 漢 漢 漢

意味
<ruby>中国<rt>ちゅうごく</rt></ruby>　<ruby>男<rt>おとこ</rt></ruby>

用例
<ruby>漢字<rt>かんじ</rt></ruby>　<ruby>漢詩<rt>かんし</rt></ruby>　<ruby>痴漢<rt>ちかん</rt></ruby>

カン

漢

漢字物語
読み方を表す「莫」と「氵」（水）を合わせた字で、川の名前を表します。その川は「漢水」といって、武漢（Wuhan）で長江（揚子江）に合流しています。また、漢王朝以降、「漢」を「中国」や「男子」の意味で使います。

もっと知りたい漢字の話
もともと「莫」は雨乞いに失敗した巫女を焼いて、神の怒りを鎮める儀式を表します。「日照り」や「乾く」意味の「暵」や「熯」から連想すると、漢水流域はそのような儀式がよく行われていた所だったようです。

， 亠 广 庐 庐 庐 庐 庐 庐 席 席

セキ

席

意味
席

用例
座席　出席　欠席　空席

漢字物語
建物（广）と蓆を合わせた字です。蓆を敷いて席を作ることを表します。

もっと知りたい漢字の話
料理することを表す「庶」と関係があって、料理を囲む食事の席を表すという説もあります。

， 亠 广 庐 庐 庐 庐 庐 庌 度

ド
タク

度

たび

意味
はかる　回数

用例
その度に　度々　食事の支度
何度も　気温30度

漢字物語
「席」と「又」（手）を合わせた字です。席の蓆を広げて長さや広さを測ることを表します。

もっと知りたい漢字の話

493
（N4／5年）
44 行 2 列

丶 广 户 斤 斤 竻 竻 笡 笡 質 質

シツ
シチ

質

意味
質　ただす（正しいかどうか調べる）

用例
質問　品質　物質　性質　質屋

漢字物語
二つの「斤」（斧）と「貝」（青銅器の大釜「鼎」の省略形）を合わせた字です。二つの斧（斤）で鼎（貝）に誓約（約束）を刻みつけ、その誓約に合わせて全て「ただす」（正しいか調べる）ことを表します。

もっと知りたい漢字の話
刀（刂）で鼎（貝）に刻みつけることを表したのが「則」です。

494
（N4／2年）
16 行 11 列

一 二 テ 元

ゲン
ガン

元

もと

意味
もと　はじめ

用例
元首相　元気　元日　元旦

漢字物語
「元」は、人の頭部（首）を強調した形の字です。「頭、はじめ、もと」の意味があります。

もっと知りたい漢字の話
古代、戦死することは、首（頭部）を失うことでした。戦地から無事に帰ると、まず首が無事であることを廟（宀）に報告して感謝しました。それを表すのが「完」です。戦争へ行く戦士の儀式（戦勝祈願から帰還報告まで）が「完」（帰還報告の儀式）で完結するのです。また、廟で、手（寸）で頭（元）に冠をつける元服の儀式（成人式）を表すのが「冠」です。元服（成人式）は氏族の正式な構成員と認められる儀式で、廟で行われました。

495

(N3/4年)

16 行 15 列

 完

`' 宀 宀 宀 宀 完`

カン

完

意味

完全（かんぜん）　おわる

漢字物語

「完」は、戦地から首のある完全な姿で、無事に帰ったことを廟（宀）に報告して感謝する儀式を表します。「宀」（廟）と「元」（首）の組み合わせは、そのことを示しています。

用例

完成（かんせい）　未完成（みかんせい）　完全（かんぜん）　不完全（ふかんぜん）

もっと知りたい漢字の話

「元」（No. 494）を参照。
戦士の儀式は、戦勝を祈る儀式から始まって、無事を報告して感謝する儀式（完）で完結するのです。

496

(N4/3年)

16 行 16 列

  院

`' ' ' 阝 阝 阝 阝 阝 阝 阝 院`

イン

院

意味

塀（へい）に囲（かこ）まれた大（おお）きい建物（たてもの）

漢字物語

「院」は、垣（かき）や塀（へい）に囲（かこ）まれた大（おお）きい建物（たてもの）を表（あらわ）します。

用例

寺院（じいん）　病院（びょういん）　入院（にゅういん）　退院（たいいん）　大学院（だいがくいん）

もっと知りたい漢字の話

古（ふる）い字書（じしょ）には「堅（かた）い」という意味（いみ）で書（か）かれているようですが、唐代（とうだい）（618～907年）以前（いぜん）に使（つか）われた例（れい）は少（すく）なく、原義（げんぎ）（もとの意味（いみ））を確認（かくにん）するのは難（むずか）しいようです。

497
（N2／4年）
16行21列

　　ヽ　　ラ　ネ　ネ　ネ　　ネ゚　ネロ　ネロ　祝

シュク
シュウ

祝

いわ（う）

意味
　　いのる　いわう

用例
　　結婚を祝う　祝日　祝福　祝儀

漢字物語
「祝」は「示」（祭壇）と「兄」（祈る人）を合わせた字です。年長者（兄）が祝詞の器（口）を捧げて、神（示）に祈り、祝ったことを表します。「祝、神、社」のように「示」を左側のパーツとして使う時は「ネ」と書きます。

もっと知りたい漢字の話

498
（N3／6年）
21行5列

　　`　　亠　亡

ボウ
モウ

亡

な（くなる）

意味
　　しぬ　亡くなる

用例
　　亡くなる　死亡　逃亡　金の亡者

漢字物語
体を折り曲げた死者を逆さまにした形です。屈肢葬（死者の体を折り曲げて葬ること）の形を表します。

もっと知りたい漢字の話
草の上に放置された死者（髪の毛がある）を表すのが「荒」です。

舟 冖ㄡ 服

ノ 刀 月 月 肝 肝 服 服

意味
従う　服

用例
衣服　礼服　洋服　服従する

フク

服

漢字物語
「卩」（跪く人）と「又」（手）と「月」（舟）を合わせた字です。この「舟」は「盤」を表し、「服」は、儀式用の盤の前に跪いて誓う、服従（従うこと）の儀式を表します。「したがう」の意味があります。

もっと知りたい漢字の話
舟は盤と同じような形をしていたので、「舟」の字は「盤」の意味でも使われます。「盤」は儀式で使われる大皿ですから、「服」は、盤の前に人を跪かせて、新しい王や国に服従させる降服の儀式を表すと考えられています。

 宀 宀 向

ノ イ 冂 向

意味
向く　向かう

用例
後ろを向く　京都に向かう　〜の向かい側にある
〜の向こうにある　方向　向上する

コウ

向

漢字物語
光が差し込む窓（宀は窗の略）のところに祝詞の器（ロ）を置いて、神を祭ることを表します。窓から差し込む光は、神の訪れを表すと信じられていたので、人々は窓に向かって、神を迎えたのです。

む（く）
む（こう）

堂　　ト ソ ツ ツ 学 学 学 堂 堂 堂

意味

広い部屋　広い高い建物

用例

食堂　講堂　正々堂々と戦う

ドウ

堂

漢字物語

「尚」と「土」を合わせた字です。「尚」は「向」と「八」を合わせた字です。「向」は、窓に向かって神を迎えることを表し、「八」を加えた「尚」は、窓に神が現れることを表します。この「八」は神が天から降りてくることを表します。神は光と同じように窓から入ってきたのです。「堂」は、神を迎えるため土の上に建てられた建物を表します。

もっと知りたい漢字の話

「兌」や「脱」、「悦」、「説」などの「八」も「尚」や「堂」と同じように、神が天から降りてくることを表します。

　験　　厂 厂 厈 馬 馬 馬 験 験 験 験

意味

ためす　しるし

用例

試験　実験　経験

ケン

験

漢字物語

もとの字は「驗」と書きます。「僉」は、仮面をつけた二人が並んで、祈りの舞を舞う姿を表します。「驗」は、馬を使って神意（神の声）を占う儀式を表します。

もっと知りたい漢字の話

今も、日本の神社の祭りでは、神楽が行われて祈りの舞が舞われ、流鏑馬や競馬のような、馬を使った儀式が行われています。

503

(N3／5年)

16 行 25 列

`ヮ ３ ３ Ｐ Ｐ Ｐ 阝 阝 阝 阝 険`

ケン

険

けわ（しい）

意味

けわしい　あぶない

漢字物語

もとの字は「險」です。人が簡単には立ち入れない険しい聖地（阝）で、儀式を行う（僉）ことを表します。「けわしい」という意味です。

用例

険しい　危険　冒険

もっと知りたい漢字の話

504

(N2／常用)

40 行 24 列

`ヮ 刀 刀 召 召`

ショウ

召

め（す）

意味

召す　呼びよせる

漢字物語

「人」（「刀」に変形しました）と「口」（祝詞の器）を合わせた字です。祈り（口）に応えて天から「人」の形をした神が降りて来ることを表します。「呼び寄せる」などの意味があります。

用例

召し上がる　議員を召集する
大使を召還する

もっと知りたい漢字の話

「呼び寄せる」のほかに、「食べる、飲む、着る、風邪をひく」などの尊敬語としても使われています。

505
（N3／5年）
40 行 25 列

一 十 才 扩 扫 招 招 招

意味
まねく

用例
招く　招待

ショウ

まね（く）

漢字物語
読み方を表す「召」（呼びよせる）に「扌」（手）を加えて、手で「まねく」ことを表します。

もっと知りたい漢字の話
「召」は読み方を表しますが、手で招くのが「招」、招いた神が告げる「みことのり」が「詔」、日（太陽）を招いて「あきらか」になるのが「昭」、水を招く「沼」など、全て同じ系統の字です。今は、召集、召還など「呼び寄せる」意味で「召」を、招待など「招く」意味で「招」を使います。

506
（N2／常用）
40 行 26 列

く ⼳ 幺 糸 糸 糸 糽 紹 紹

意味
ひきつぐ　つなぐ

用例
紹介する　自己紹介

ショウ

漢字物語
「つづく、つながる」意味のある「糸」と、読み方を表す「召」を合わせて、先祖の霊を「受け継ぐ」、「引き継ぐ」ことを表します。今は「関係をつなぐ」意味で、「紹介」のように使います。

もっと知りたい漢字の話

507
(N4／3年)
39行30列

丶 口 口 品 品

意味
品（しな）

用例
大切な品（たいせつ・しな）　品物（しなもの）　品切れ（しなぎれ）　商品（しょうひん）　作品（さくひん）

ヒン

品

しな

漢字物語
祝詞（のりと）を入（い）れる器（うつわ）（口（さい））を三（みっ）つ並（なら）べた形（かたち）で、多（おお）くの祈（いの）りを合（あ）わせて行（おこな）うことを表（あらわ）します。「同（おな）じようなもの、しなもの」の意味（いみ）です。

もっと知りたい漢字の話
「口（さい）」（祝詞（のりと）の器（うつわ））を並（なら）べて（品）祈（いの）るために区切（くぎ）った区域（くいき）が「區（区）（く）」、そこで声高（こえたか）らかに祈（いの）るのが「歐（欧）（おう）」、その祈（いの）りが「謳（おう）」、祈（いの）りながら「口（さい）」（祝詞（のりと）の器（うつわ））を殴打（おうだ）するのが「毆（殴）（おう）」です。

508
(N2／3年)
35行30列

一 フ ㄨ 区

意味
区切る（くぎ）

用例
区切る（くぎ）　東京23区（とうきょう・く）

ク

区

漢字物語
儀式（ぎしき）を行（おこな）うために区切（くぎ）った場所（ばしょ）を表（あらわ）します。

もっと知りたい漢字の話
もとの字（じ）は「區（く）」と書（か）きます。「品（ひん）」は祝詞（のりと）の器（うつわ）（口（さい））を三（みっ）つ並（なら）べた形（かたち）を表（あらわ）します。「匚」は儀式（ぎしき）を行（おこな）うために区切（くぎ）った聖（せい）なる場所（ばしょ）を表（あらわ）します。

509
（N3／常用）
28行14列

一　厂　厅　厉　百　更　更

意味
あたらしくする　さらに　ふける

用例
更_{さら}に　夜_{よる}が更_ふける　更新_{こうしん}　変更_{へんこう}

コウ

更

さら
ふ（ける）

漢字物語
もとの字は「丙」の下に「攴（攵）」を書_かきました。武器_{ぶき}などの台座_{だいざ}（丙）を打_うって（攴）、祓_{はら}いの効力_{こうりょく}を更新_{こうしん}することを表_{あらわ}します。

もっと知りたい漢字の話
武器_{ぶき}などの台座_{だいざ}を表_{あらわ}す「丙_{へい}」と同_{おな}じように、「辛_{しん}」（針_{はり}）を立_たてた台座_{だいざ}が「商_{しょう}」、「矛_{ほこ}」を立_たてた台座_{だいざ}が「矞_{いつ}」です。

510
（N3／4年）
28行17列

ノ　イ　仁　仁　佢　佢　佢　便　便

意味
都合_{つごう}がよい　大小便_{だいしょうべん}　手紙_{てがみ}

用例
便_{たよ}り　便利_{べんり}　不便_{ふべん}　郵便_{ゆうびん}　宅配便_{たくはいびん}　JAL732便_{びん}

ベン
ビン

便

たよ（り）

漢字物語
「人_{ひと}」と「更_{こう}」を合_あわせた字_じです。「人_{ひと}」を鞭_{むち}打_うって使役_{しえき}する（働_{はたら}かせる）ことを表_{あらわ}します。「便利_{べんり}」や「好都合_{こうつごう}」という意味_{いみ}です。

もっと知りたい漢字の話

511
（N3／4年）
43行17列

 　く∠幺幺糸糸糸糸約約

ヤク

約

意味
むすぶ　おおよそ

漢字物語
読み方を表す「勺」は柄杓の形を表します。柄杓の玉の部分（物をすくう部分）と似た形に糸を結ぶので、「約」と書いて「むすぶ」意味になりました。要所（重要なところ）をまとめて結ぶのが「要約」で、「おおよそ」という意味にもなりました。

用例
約百人　約束　婚約　条約

もっと知りたい漢字の話
縄を結んで互いに取り決め、結び目の数や結び方でその内容を表したので、取り決め結ぶことを「約束」といいます。

512
（N3／4年）
31行1列

　一十廾廾丗共共

キョウ

共

とも

意味
いっしょに　ともに

漢字物語
両手（廾）で供え物をする形を表します。両手で「いっしょに、ともに」の意味です。

用例
共に　共同　共通

もっと知りたい漢字の話
「恭」は供え物をする時の心（小）を表し、「つつしむ」という意味です。

シ氵氵汁汁汁汁洪洪港港港

コウ

港

みなと

意味

みなと

漢字物語

「巷」のもとの字は「己」ではなく「巳」
を書きます。この「巳」は「邑」（村）
の略字で、「ちまた」を表します。「ち
また」とは、いろいろな村に通じる道が
分かれる所のことです。「氵」（水）を加
えた「港」は、そのような水路の分岐点
を表します。

用例

港町　出港　漁港　空港

もっと知りたい漢字の話

改訂 漢字イメージトレーニング500

音読みと訓読みの索引

No	漢字	音読み	No	漢字	音読み	No	漢字	音読み	No	漢字	音読み
355	愛	アイ	419	屋	オク	193	寒	カン	61	金	キン
379	悪	アク	314	音	オン	472	官	カン	135	近	キン
281	安	アン	18	火	カ	473	館	カン	489	勤	キン
315	暗	アン	51	下	カ	490	漢	カン	298	銀	ギン
161	衣	イ	66	夏	カ	495	完	カン	10	九	ク
316	意	イ	108	家	カ	279	丸	ガン	39	口	ク
318	移	イ	273	化	カ	398	顔	ガン	101	エ	ク
378	違	イ	274	花	カ	494	元	ガン	306	苦	ク
414	医	イ	311	可	カ	206	気	キ	508	区	ク
434	以	イ	312	歌	カ	222	季	キ	420	空	クウ
187	育	イク	313	何	カ	270	危	キ	408	軍	グン
1	一	イチ	322	過	カ	351	帰	キ	108	家	ケ
153	引	イン	407	科	カ	383	机	キ	206	気	ケ
310	飲	イン	481	果	カ	444	喜	キ	273	化	ケ
314	音	イン	482	課	カ	466	己	キ	51	下	ゲ
393	員	イン	183	画	ガ	467	起	キ	66	夏	ゲ
496	院	イン	96	海	カイ	401	吉	キチ	244	外	ゲ
19	雨	ウ	129	開	カイ	401	吉	キツ	93	兄	ケイ
29	羽	ウ	143	会	カイ	376	客	キャク	122	京	ケイ
97	右	ウ	144	絵	カイ	10	九	キュウ	381	形	ケイ
319	有	ウ	276	皆	カイ	47	弓	キュウ	452	計	ケイ
198	雲	ウン	277	階	カイ	68	休	キュウ	271	迎	ゲイ
409	運	ウン	450	介	カイ	348	急	キュウ	109	穴	ケツ
143	会	エ	451	界	カイ	421	究	キュウ	308	欠	ケツ
144	絵	エ	459	回	カイ	23	牛	ギュウ	343	決	ケツ
191	永	エイ	244	外	ガイ	404	去	キョ	402	結	ケツ
192	泳	エイ	403	害	ガイ	440	許	キョ	12	月	ゲツ
254	英	エイ	120	覚	カク	30	魚	ギョ	24	犬	ケン
255	映	エイ	183	画	カク	242	漁	ギョ	119	見	ケン
333	役	エキ	231	角	カク	93	兄	キョウ	125	間	ケン
371	駅	エキ	375	各	カク	122	京	キョウ	289	県	ケン
53	円	エン	376	客	カク	152	強	キョウ	345	建	ケン
163	遠	エン	486	革	カク	329	教	キョウ	380	研	ケン
164	園	エン	118	学	ガク	512	共	キョウ	502	験	ケン
379	悪	オ	214	楽	ガク	62	行	ギョウ	503	険	ケン
148	王	オウ	140	合	ガッ	356	業	ギョウ	137	言	ゲン
253	央	オウ	12	月	ガツ	381	形	ギョウ	494	元	ゲン
415	黄	オウ	125	間	カン	83	曲	キョク	133	戸	コ
416	横	オウ	128	関	カン	166	玉	ギョク	305	古	コ

No	漢字	音読み	No	漢字	音読み	No	漢字	音読み	No	漢字	音読み
307	湖	コ	173	砂	サ	417	至	シ	385	主	シュ
404	去	コ	438	茶	サ	428	試	シ	392	酒	シュ
466	己	コ	476	作	サ	470	市	シ	353	受	ジュ
6	五	ゴ	82	西	サイ	471	姉	シ	354	授	ジュ
373	後	ゴ	130	才	サイ	37	耳	ジ	45	舟	シュウ
439	午	ゴ	131	財	サイ	104	寺	ジ	65	秋	シュウ
454	語	ゴ	204	祭	サイ	105	時	ジ	85	習	シュウ
39	口	コウ	205	際	サイ	150	仕	ジ	184	周	シュウ
62	行	コウ	410	切	サイ	201	示	ジ	185	週	シュウ
101	工	コウ	131	財	ザイ	250	地	ジ	194	終	シュウ
107	公	コウ	73	冊	サク	284	字	ジ	238	集	シュウ
111	広	コウ	476	作	サク	293	自	ジ	497	祝	シュウ
121	高	コウ	54	早	サッ	309	次	ジ	4	十	ジュウ
124	厚	コウ	73	冊	サツ	341	事	ジ	258	重	ジュウ
268	交	コウ	332	殺	サツ	361	持	ジ	387	住	ジュウ
269	校	コウ	3	三	サン	433	治	ジ	216	宿	シュク
285	好	コウ	13	山	サン	435	似	ジ	497	祝	シュク
373	後	コウ	320	散	サン	272	色	シキ	261	出	シュツ
374	降	コウ	397	産	サン	427	式	シキ	485	術	ジュツ
415	黄	コウ	8	四	シ	226	食	ジキ	58	春	シュン
463	考	コウ	36	子	シ	296	直	ジキ	134	所	ショ
500	向	コウ	48	矢	シ	5	七	シチ	146	暑	ショ
509	更	コウ	49	糸	シ	493	質	シチ	346	書	ショ
513	港	コウ	106	私	シ	325	失	シツ	411	初	ショ
140	合	ゴウ	112	止	シ	418	室	シツ	35	女	ジョ
152	強	ゴウ	149	士	シ	493	質	シツ	437	除	ジョ
356	業	ゴウ	150	仕	シ	11	日	ジツ	474	助	ジョ
123	石	コク	160	始	シ	44	車	シャ	27	象	ショウ
167	国	コク	201	示	シ	145	者	シャ	77	生	ショウ
196	黒	コク	227	氏	シ	203	社	シャ	78	青	ショウ
321	骨	コツ	228	紙	シ	478	写	シャ	171	小	ショウ
61	金	コン	292	思	シ	123	石	シャク	172	少	ショウ
142	今	コン	293	自	シ	177	昔	シャク	175	消	ショウ
229	婚	コン	309	次	シ	178	借	シャク	367	正	ショウ
299	根	コン	324	死	シ	99	若	ジャク	368	政	ショウ
461	困	コン	327	支	シ	151	弱	ジャク	369	証	ショウ
137	言	ゴン	328	枝	シ	42	手	シュ	475	焼	ショウ
489	勤	ゴン	340	史	シ	287	首	シュ	483	性	ショウ
102	左	サ	342	使	シ	295	取	シュ	504	召	ショウ

No	漢字	音読み	No	漢字	音読み	No	漢字	音読み	No	漢字	音読み
505	招	ショウ	483	性	セイ	89	太	タイ	296	直	チョク
506	紹	ショウ	60	夕	セキ	159	台	タイ	147	都	ツ
50	上	ジョウ	123	石	セキ	159	台	タイ	357	対	ツイ
157	場	ジョウ	177	昔	セキ	357	対	タイ	423	通	ツウ
213	乗	ジョウ	195	赤	セキ	362	待	タイ	424	痛	ツウ
219	静	ジョウ	491	席	セキ	425	代	タイ	468	弟	デ
226	食	ショク	197	雪	セツ	426	貸	タイ	72	体	テイ
272	色	ショク	332	殺	セツ	86	大	ダイ	154	丁	テイ
297	植	ショク	410	切	セツ	396	題	ダイ	230	低	テイ
41	心	シン	302	舌	ゼツ	425	代	ダイ	257	庭	テイ
70	森	シン	16	川	セン	458	内	ダイ	370	定	テイ
136	辛	シン	91	千	セン	468	弟	ダイ	468	弟	テイ
138	新	シン	114	先	セン	469	第	ダイ	326	鉄	テツ
139	親	シン	115	洗	セン	492	度	タク	90	天	テン
199	申	シン	189	泉	セン	412	短	タン	245	店	テン
202	神	シン	190	線	セン	441	単	タン	246	点	テン
239	進	シン	243	占	セン	117	男	ダン	448	転	テン
247	震	シン	442	戦	セン	334	段	ダン	15	田	デン
280	身	シン	446	専	セン	235	遅	チ	200	電	デン
290	真	シン	449	船	セン	250	地	チ	447	伝	デン
304	信	シン	372	前	ゼン	251	池	チ	14	土	ト
352	寝	シン	54	早	ソウ	413	知	チ	147	都	ト
34	人	ジン	55	草	ソウ	433	治	チ	399	登	ト
202	神	ジン	110	窓	ソウ	21	竹	チク	460	図	ト
36	子	ス	218	争	ソウ	438	茶	チャ	492	度	ト
394	豆	ズ	349	掃	ソウ	347	着	チャク	14	土	ド
395	頭	ズ	364	送	ソウ	33	虫	チュウ	492	度	ド
460	図	ズ	365	走	ソウ	52	中	チュウ	46	刀	トウ
17	水	スイ	27	象	ゾウ	57	昼	チュウ	64	冬	トウ
453	世	セ	113	足	ソク	386	柱	チュウ	74	東	トウ
77	生	セイ	211	束	ソク	388	注	チュウ	141	答	トウ
78	青	セイ	212	速	ソク	389	駐	チュウ	158	湯	トウ
82	西	セイ	263	続	ゾク	28	鳥	チョウ	237	島	トウ
217	晴	セイ	431	族	ゾク	56	朝	チョウ	264	読	トウ
219	静	セイ	162	卒	ソツ	154	丁	チョウ	288	道	トウ
367	正	セイ	89	太	タ	155	町	チョウ	331	投	トウ
368	政	セイ	317	多	タ	186	調	チョウ	394	豆	トウ
443	声	セイ	72	体	タイ	258	重	チョウ	395	頭	トウ
453	世	セイ	86	大	タイ	278	長	チョウ	399	登	トウ

索引（音読み）

267

索引（音読み）

索引（訓読み）

269

No	漢字	訓読み	No	漢字	訓読み	No	漢字	訓読み	No	漢字	訓読み
420	空	から	41	心	こころ	186	調	しら（べる）	492	度	たび
136	辛	から（い）	428	試	こころ（みる）	75	白	しろ（い）	166	玉	たま
72	体	からだ	283	腰	こし	285	好	す（き）	31	卵	たまご
16	川	かわ	141	答	こた（え）	322	過	す（ぎる）	300	民	たみ
486	革	かわ	137	言	こと	387	住	す（む）	428	試	ため（す）
487	皮	かわ	341	事	こと	210	末	すえ	510	便	たよ（り）
463	考	かんが（える）	285	好	この（む）	172	少	すく（ない）	91	千	ち
20	木	き	461	困	こま（る）	474	助	すけ	464	乳	ち
175	消	き（える）	22	米	こめ	172	少	すこ（し）	320	散	ち（る）
127	聞	き（く）	448	転	ころ（がる）	239	進	すす（む）	171	小	ちい（さい）
343	決	き（める）	161	衣	ころも	173	砂	すな	135	近	ちか（い）
347	着	き（る）	51	下	さ（がる）	212	速	すみ（やか）	378	違	ちが（う）
410	切	き（る）	120	覚	さ（める）	81	背	せ	116	力	ちから
80	北	きた	404	去	さ（る）	81	背	せい	100	父	ちち
223	来	きた（る）	338	坂	さか	128	関	せき	464	乳	ちち
205	際	きわ	392	酒	さか	411	初	そ（める）	347	着	つ（く）
421	究	きわ（める）	30	魚	さかな	335	反	そ（る）	358	付	つ（く）
226	食	く（う）	114	先	さき	388	注	そそ（ぐ）	309	次	つ（ぐ）
223	来	く（る）	392	酒	さけ	187	育	そだ（てる）	342	使	つか（う）
55	草	くさ	327	支	ささ（える）	244	外	そと	150	仕	つか（える）
215	薬	くすり	354	授	さず（ける）	164	園	その	12	月	つき
51	下	くだ（る）	370	定	さだ（か）	81	背	そむ（く）	309	次	つぎ
39	口	くち	370	定	さだ（める）	420	空	そら	476	作	つく（る）
167	国	くに	180	里	さと	15	田	た	383	机	つくえ
287	首	くび	193	寒	さむ（い）	261	出	だ（す）	447	伝	つた（える）
198	雲	くも	509	更	さら	88	立	た（つ）	447	伝	つた（わる）
315	暗	くら（い）	152	強	し（いる）	345	建	た（てる）	14	土	つち
275	比	くら（べる）	324	死	し（ぬ）	226	食	た（べる）	263	続	つづ（く）
306	苦	くる（しい）	132	閉	し（める）	113	足	た（りる）	238	集	つど（う）
44	車	くるま	243	占	し（める）	221	平	たい（ら）	489	勤	つと（める）
196	黒	くろ（い）	413	知	し（る）	121	高	たか（い）	231	角	つの
232	毛	け	219	静	しず（か）	21	竹	たけ	152	強	つよ（い）
175	消	け（す）	51	下	した	474	助	たす（ける）	286	面	つら
503	険	けわ（しい）	302	舌	した	367	正	ただ（しい）	42	手	て
36	子	こ	139	親	した（しい）	296	直	ただ（ちに）	261	出	で（る）
171	小	こ	507	品	しな	442	戦	たたか（う）	104	寺	てら
443	声	こえ	237	島	しま	214	楽	たの（しい）	133	戸	と
63	氷	こおり	201	示	しめ（す）	211	束	たば	126	問	と（う）
10	九	ここの（つ）	51	下	しも	430	旅	たび	380	研	と（ぐ）

索引（訓読み）

著者略歴

善如寺 俊幸（ぜんにょじ としゆき）

　旧ポルトガル領マカオ東アジア大学（現マカオ大学）客員講師・研究員
　インドネシア共和国立パジャジャラン大学客員講師
　オーストラリア クイーンズランド大学客員研究員
　中国東北師範大学赴日本国留学生予備学校政府派遣教員
　東京外国語大学教授 などを経て、
　現在、言語教育研究所代表

かんじけいとうじゅ　まな
漢字系統樹で学ぶ
かいてい　　かん　じ
改訂 漢 字 イメージトレーニング 500

2023年 6月 23日　初 版 発 行

著　者	善如寺　俊幸	
校　正	力丸　京子	
	藤岡　宣幸	
	石原　順	
編　集	松井　明寛（MDB）	
	西村　智鶴（MDB）	

発行所　　言語教育研究所
　　　　　gengokyoikukenkyusho@gmail.com

発売所　　株 式 会 社　三 恵 社
　　　　　〒462-0056 愛知県名古屋市北区中丸町2-24-1
　　　　　　　　TEL 052 (915) 5211
　　　　　　　　FAX 052 (915) 5019
　　　　　　　　URL http://www.sankeisha.com

ISBN978-4-86693-815-8 C1081 ¥2450E